共通テスト対応

生きる現代文 随筆・小説語句

390語＋α

霜《しも》 栄《さかえ》 著

JN114732

駿台文庫

はじめに

本書は、「**大学入学共通テスト**」の**実践形式**を用いて、随筆・小説などに登場する**語句の意味**を身につけるための学習書です。もちろん入試本番の問題がこの中から出題されると限ったわけではありませんが、本書で語句の意味を正確に選ぶ訓練を積めば、確実に得点はアップします。

事前に**学習しておけば必ず得点できる**分野です。この分野で大きく減点されないことが、国語全体で高得点を上げるのに必須の条件と言えるでしょう。

また、「大学入学共通テスト」の国語が、自分の思考のツールでもある日本語を鍛える最後のチャンスとなるかもしれません。語彙の力をしっかりとつけて、それを今後の、**学習や生活や仕事で生きる力**としてください。

♠「大学入学共通テスト」実践形式

「大学入学共通テスト」で実際に出題される形式をそのまま採用しています。5つの選択肢の中から、**文脈に合う辞書の意味を一つだけ選択する**設問は、実践形式での**反復演習がもっとも能率的**です。

♥随筆・小説語句を390題収録

それほど難しい言葉が出題されるわけではないのに、なかなか正解しづらいのが「大学入学共通テスト」の語句問題でしょう。本書では今後も出題されそうな**過去問をすべて網羅**し、**予測問題も多数収録**しています。

♣記憶に残る例文と意味で生きる語彙力を！

同じ言葉が同じ文脈の中で出てくるとは限りません。だからこそ印象に残る生きた文の中で学習し、自分の語彙として根付かせることが大切です。本書では新たに例文を作成し、**自分の言葉として使いこなせるように**工夫しました。

◆語句問題の解き方・注意点を詳しく解説！

実際のテスト形式で**解き方を習得**し、一つひとつの**言葉の意味を正確に考える習慣**をつければ、未知の語句でも正解にたどり着き易くなります。本書ではコラム欄を設け、**言葉の意味を見出すためのポイント**を詳しく解説しています。

利用方法

「大学入学共通テスト」の実践形式に慣れるだけでなく、目の前の言葉がどんな意味や色や匂いをもっているかを感じ考えながら、学習していってください。

ページの下段をコラム欄としました。間違いやすいポイントや注意点を示すだけでなく、**知らない言葉に対処できる推理力**も身につけられるように工夫しました。なお、記号は、**同**＝同意語、**異**＝同音異義語、**対**＝対義語を表します。

またコラムの中でも、「大学入学共通テスト」で出題される可能性のある語句は赤字にしてありますから、ここでもチェックシートを使用し、＋αの知識の拡充に努めてください。

① チェックシートを用いて、例文を読みながら問題を解いていく。

② 正解できたかを確認し、間違えたときは番号の□欄に斜め線などを入れる。

（一度目は⧄、二度目は☒、三度目は◪、四度目は■などと使える）

③ 必ずコラム欄も読んで、語句のつながり、言葉のネットワークや類義語の理解にも努める。

目次

著者からのメッセージ

すべての言葉には話し手と書き手がいて、だれかに思いや考えを、あるいは生きていることを伝えたいと願っています。この本もまた、そんな言葉でできています。

読み手であるあなたがもっともっと、他の人の思いや考えを正確に豊かに受け取れるように、自分の思いや考えを精密に広く伝えていけるように、と願って本書を作りました。

例文の多くはリアル社会やネット社会に漂う表現でできています。ぼくの思いや考えを述べたものではありません。あなたが身近に感じられそうな表現を拾い集めて編んだものです。特に、今まであまり語彙の勉強をしてこなかったという人向けです。

あなたの思い出す「楽しい」「悲しい」「辛《つら》い」「美しい」記憶たちがあなた自身をつくっています。それはあなたが過去の出来事を「楽しい」「悲しい」「辛い」「美しい」という言葉で記憶しているからです。

そしていま新しい言葉を習得すれば、自分を変えることができます。

悲しい過去や辛い今も、「未来に生きる」「花開くための」「成長の支えとなる」経験、あるいはもはや「取るに足りない」「ちっぽけな」「忘れていい」記憶だと、あなたは言葉を使って、過去や今の自分を変えることができます。失恋がいつの間にか次の恋のステップへと変わることに似ているかもしれません。失恋も言葉もぼくらを励ましてくれるのです。

あなたが新しい言葉を獲得し、その言葉で自分や現実を語り直すことができたとき、もう「辛い」「悲しい」だけの過去や今は存在しなくなっているでしょう。言葉は、音楽やダンスや漫画やゲームや花束と同じように、ぼくらを変える力をもっています。

あなただけが経験できたこと、それをぜひ自分の的確な言葉で包み、素敵な自分をつくっていってください。人が変わるのに遅過ぎることなどあり得ません。

誰もがこれからの人生で今が一番若いのです。未来は作るものです。

自分のための新しい言葉と出会い、自分を成長させ、未来を切り開くのにこの本を役立ててもらえればと、切に願っています。ぼくもまた、できれば自分がこれまでに出会ったすべての事を、これから出会うすべての事を「大切な」「素敵な」「特別な」経験だと思えるように、言葉の探索を続けていきます。

霜　栄より

大学入学共通テストで出題される随筆・小説語句の問題は、問題文の文脈を踏まえたうえで語彙に関する正確な理解を問う設問です。知識を身につけるだけではなく、文章の中で問われている言葉の意味を正しく見出す演習が大切です。たんに記憶したかを問われると考えるのではなく、たとえ知らない言葉でも推理できる力を本書で身につけてください。そのためにぜひコラムの解説も活用しましょう。特に漢字だけからの自分のイメージ、傍線部との置き換え、文から生じる印象や結果だけで判断しないように注意してください。できれば問われている語句を含むフレーズを自分で作って考えるようにしましょう。

① 事物・人物
② 現象・行為
③ 状況・様子
④ 意識・心情
⑤ 性質・観念

問　(ア)～(ウ)の例文における意味として最も適当なものを、①～⑤のうちから選べ。

□1　葬儀には多くの忌みごとがある。

(ア)　忌《い》みごと　[1]
① 許されない危険なこと
② 退屈で面白くないこと
③ 不吉で避けるべきこと
④ 失敗できない困難なこと
⑤ 予想できない非日常のこと

□2　俺とお前のイケメン度じゃ雲泥の差があるだろ。

(イ)　雲泥《うんでい》の差　[2]
① つかみどころのない違い
② 上下の区別がはっきりしていること
③ ほぼ似たようなものにすぎない対比
④ 非常に隔たっていること
⑤ 性質がことなったものの類似性

□3　あのえびす顔を見てると戦意を喪失するんだよな。

(ウ)　えびす顔　[3]
① おだやかで円満そうな顔つき
② ふっくらした裕福そうな顔つき
③ 得意げで満足そうな顔つき
④ やさしそうな邪気のない顔つき
⑤ にこにこした嬉しそうな顔つき

解答

1　① ② **③** ④ ⑤
2　① ② ③ **④** ⑤
3　① ② ③ ④ **⑤**

1「忌みごと」＝忌むべきこと。「忌む」＝「神秘的なものとして恐れ避ける。不快に思って遠ざける」なので、②・⑤は間違い。

2 天の「雲」と地の「泥」ほどの「隔たり」という意味で、「区別がはっきりしていること」を問題にしている②は「隔たり」があることから生まれる結果に過ぎないので間違い。

3「恵比寿《えびす》」＝七福神の一つで、海上・漁業・商売繁盛の神。「えびす顔」は「恵比寿のようににこにこ笑う顔つき」のことなので、笑う要素のない①～④は間違い。

問 (ア)〜(ウ)の例文における意味として最も適当なものを、①〜⑤のうちから選べ。

□ **4** 覚束《おぼつか》ない英語にそそられた。

(ア) 覚束《おぼつか》ない [4]

① 頼りない
② 明るくない
③ 大げさでない
④ 覚えのない
⑤ 二つとない

□ **5** 模試の結果がかんばしくないとかあり得ねーだろ。

(イ) かんばしくない [5]

① 聞く気になれない
② 尊敬できない
③ 聞いたことのない
④ 好ましくない
⑤ 聞き捨てならない

□ **6** きゃしゃなアクセサリーがよく似合っていた。

(ウ) きゃしゃな [6]

① 不器用な感じの
② 気が小さそうな
③ からだがかたそうな
④ 上品そうな
⑤ か弱い感じの

解答

4 ❶ ② ③ ④ ⑤
5 ① ② ③ ❹ ⑤
6 ① ② ③ ④ ❺

4 「覚束《おぼつか》ない」は漢字一字だけにつられて、④を選ばないように注意。「記憶が覚束ない」「足元が覚束ない」などとフレーズを自分で考えてみよう。それと例文を見較べてみると正解を見つけ易くなる。

5 漢字では「芳《かんば》しくない」。「芳《かんば》しい」＝「香りがいい。立派である」で、後に打消しの表現を伴うことが多い。

6 ④は「ほっそりして」「弱々しい」の要素がないので間違い。

問　(ア)〜(ウ)の例文における意味として最も適当なものを、①〜⑤のうちから選べ。

□**7** 思い返せば私は数々の僥倖《ぎょうこう》に恵まれてきた気がします。

(ア) 僥倖《ぎょうこう》 **7**

① 緊急の事件
② 偶然の幸せ
③ 不可解な幻想
④ 新鮮な感動
⑤ 不思議な運命

□**8** 切り口上で体《てい》よく追い払われたわけだ。

(イ) 切り口上《こうじょう》 **8**

① 問題を避けて逃げたがっているような口のきき方
② 感情を抑え冷静さを装ったような口のきき方
③ 型にはまって突き放したような口のきき方
④ 話を早く切り上げたがっているような口のきき方
⑤ 相手の非を責めてとがめるような口のきき方

□**9** 北高の麒麟児《きりんじ》とは俺のことよ。

(ウ) 麒麟児《きりんじ》 **9**

① 意気盛んで勇気あふれる若者
② 優れた才知をもった若者
③ 人々を統率する力に秀でた若者
④ 慈愛や包容力に満ちた若者
⑤ 人並み外れた魅力をもった若者

解答

7 ① ❷ ③ ④ ⑤　**8** ① ② ❸ ④ ⑤　**9** ① ❷ ③ ④ ⑤

7「―に恵まれる」と使うことが多い。異 行幸（＝天皇が出かけること）・暁光（＝明け方に東の空に射す光）

8 語源は「一語一句の区切りをはっきりさせた言葉つき」なので①・④は間違い。「体よく」＝体裁がよいように。

9「麒麟」は動物園などの「キリン」と違って、中国で聖人が出る前に現れるとされる想像上の動物で、才知をもった人物のたとえとしても使われる。①の「意気盛ん」「勇気」、③の「統率する力」、⑤の「魅力」は才知とは異なるので間違い。

問　(ア)〜(ウ)の例文における意味として最も適当なものを、①〜⑤のうちから選べ。

□10　あっしはまったく口不調法もんで、お許しくださいねと男は笑った。

(ア)　口《くち》不《ぶ》調法《ちょうほう》もん　[10]

① 失礼を省みない者
② ものの言い方がへたな者
③ 余計なことを言ってしまう者
④ 無責任な言い方をする者
⑤ 心と言葉とが裏腹な者

□11　後輩を下僕のように扱うなよ。

(イ)　下僕《げぼく》のように　[11]

① 相手に対して従順さを求める様子
② 相手に対して好意を求める様子
③ 相手に対して尊大さを求める様子
④ 相手に対して感謝を求める様子
⑤ 相手に対して親しさを求める様子

□12　え、今日は僕の健啖《けんたん》ぶり発揮しちゃっていいの？

(ウ)　健啖《けんたん》ぶり　[12]

① 元気でよくしゃべる様子
② 明るく朗らかな様子
③ さかんによく食べる様子
④ 物事にこだわらない様子
⑤ 食べ物に執着している様子

解答

10　① ❷ ③ ④ ⑤　　11　❶ ② ③ ④ ⑤　　12　① ② ❸ ④ ⑤

10「不(無)調法」＝「行き届かない。下手なこと」なので、②となる。「口車《くちぐるま》(＝口先のうまい言い回し。「―に乗せられる」)」「口さがない(＝他人の事を興味本位にうわさする)」も重要。

11「下僕」＝「男の召使い。下男」から推理する。

12「―を発揮する」と使うことが多い。「啖《たん》」は「食う」の意味なので正解は③。①と間違えないように。「健啖《けんたん》なる大兄の胃袋を充たす」(夏目漱石『吾輩は猫である』)「思わせぶり(＝人に気をもたせるような態度・振る舞いをする)」も重要。

問　(ア)～(ウ)の例文における意味として最も適当なものを、①～⑤のうちから選べ。

□**13** 狡猾《こうかつ》な表情が一瞬浮かんだように見えた。

(ア) 狡猾《こうかつ》な　**13**

① ずるがしこい
② 悪徳な
③ 洞察力の鋭い
④ 冷酷な
⑤ 情熱的な

□**14** シャワーを浴び、小ざっぱりした服装に着がえる。

(イ) 小《こ》ざっぱりした　**14**

① もの静かで落ち着いた
② さわやかで若々しい
③ 上品で洗練された
④ 清潔で感じがよい
⑤ 地味で飾り気のない

□**15** あの子は腰が低く気もやさしいんだがなぁ。

(ウ) 腰が低く　**15**

① 重々しいしぐさで
② 動作が緩慢で
③ 振る舞いが丁重で
④ 卑屈な態度で
⑤ 体つきが小さめで

解答

13　❶　②　③　④　⑤
14　①　②　③　❹　⑤
15　①　②　❸　④　⑤

13「狡猾に立ち回る」などと使うことも多い。「狡《ずる》い」と書くが、③にはその㊀要素がなく、④には「かしこい」の要素がないので間違い。

14 ⑤は「地味」の要素が間違い。「小ぎれい（＝飾り立てていないが、清潔で感じがよい）」「小賢《こざか》しい（＝利口ぶって生意気だ。悪賢くて抜け目ない）」も重要。

15「腰が低い」＝他人に対して態度が謙虚である。**対**腰が高い（＝他人に対して横柄・尊大である）

問 (ア)〜(ウ)の例文における意味として最も適当なものを、①〜⑤のうちから選べ。

□16 居場所をつきとめたときは故人となっていた。

(ア) 故人 16

① 古くからの友人
② 血縁関係にある人
③ 既に亡くなった人
④ 事故にあった人
⑤ ふるさとが同じ人

□17 あのこまっしゃくれた態度がぞくぞくすんだよな。

(イ) こまっしゃくれた 17

① こせこせしたことに執拗《しつよう》にこだわる
② ひどく人を困らせる発言を好む
③ 自己主張がさりげなくできる
④ 世の中のことや人間関係が分かる
⑤ おとなびた差し出がましい言動をする

□18 悪の権化と言われても、私にはすてきな父親でした。

(ウ) 権化《ごんげ》 18

① 権力を握った者
② 堅固に武装した者
③ 巧みに利用した者
④ 具現化した者
⑤ この世に現れた者

解答

16 ① ② **③** ④ ⑤
17 ① ② ③ ④ **⑤**
18 ① ② ③ **④** ⑤

16 語句だけの意味としては①も正しいが、例文に「―となっていた」とあるから③が正解。漢字一字にのみつられて④にしないように。

17「こま(っ)しゃくれた」＝「こま(っ)ちゃくれた」

18「権」には「仮のもの。代用」の意味があり、語源は「仏・菩薩などが仮の姿をとってこの世に現れたもの」だが、文脈から⑤は間違い。④の「具現」＝「具体的に現す・現れる」が正解。また、漢字一字のみにつられて①に、文脈だけから③にしないように。

問　(ア)〜(ウ)の例文における意味として最も適当なものを、①〜⑤のうちから選べ。

□19 些末《さまつ》な事柄をとらえていちいち文句をつけるのがライフワークだ。

(ア) 些末《さまつ》な事柄 19

① 末端的で特殊な事柄
② 私生活に関する事柄
③ 正確さに欠ける事柄
④ 取るに足りない事柄
⑤ 心情的で微妙な事柄

□20 私はめんどうな男だが、汐《しお》どきは心得ているよ。

(イ) 汐《しお》どき 20

① 満潮の時刻
② 飽きてきた頃
③ ぎりぎりの段階
④ ふさわしい時期
⑤ 覚悟を決める時

□21 奴はその代議士と昵懇《じっこん》だったのさ。

(ウ) 昵懇《じっこん》だった 21

① 久しぶりに会った
② 幼なじみであった
③ 親戚関係であった
④ 相談事があった
⑤ 親しい間柄にあった

解答

19 ① ② ③ **④** ⑤　20 ① ② ③ **④** ⑤　21 ① ② ③ ④ **⑤**

19「些（瑣《さ》）末」＝取るに足りない。「些《さ》」は「些《いささ》か。少し」の意味。①の「特殊な」、③の「正確さに欠ける」、⑤の「心情的」は間違い。

20「汐どき」＝潮時。「―を見計らう」と使うことも多い。語源は「潮が満ちたり引いたりする時」なので、⑤は間違い。

21「昵懇の間柄」と使うことも多い。「昵《じつ》」は「親しむ」の意味。「懇」は「懇意（＝親しい）」などと使う。

問　(ア)～(ウ)の例文における意味として最も適当なものを、①～⑤のうちから選べ。

□22　俺の指南を受けるには千年はえーぞ。

(ア)　指南　22

① 技術
② 本質
③ 指示
④ 情熱
⑤ 指導

□23　新人の前では率先垂範して事にあたれ、だとさ。

(イ)　率先垂範《そっせんすいはん》　23

① 折り目正しくふるまうこと
② 堂々と人に指図すること
③ 黙って責任を果たすこと
④ 人に先立って手本を示すこと
⑤ 先に行く人を模範にすること

□24　つかぬことをお伺《うかが》いしますが、と小さな声がして僕は顔を上げた。

(ウ)　つかぬこと　24

① だしぬけなこと
② おかしなこと
③ 人聞きの悪いこと
④ 意地悪いこと
⑤ いいかげんなこと

解答

22　①　②　③　④　**⑤**
23　①　②　③　**④**　⑤
24　**①**　②　③　④　⑤

22 古代中国で、霧の中で方角を失った軍に南の方向を教えた人形仕掛けの車を「指南車」と言ったことが語源。磁石の力だね♪

23「率先」＝先に立って行うこと。「垂範」＝模範を示すこと。

24 漢字で書くと「付かぬ事」で、「前の話とくっ付かない事」の意味。

問 (ア)〜(ウ)の例文における意味として最も適当なものを、①〜⑤のうちから選べ。

□25 年歯のいかない子供に盗みを働かせたのか。

(ア) 年歯《とし は》のいかない 25

① まだ年齢相応に自立心が育っていない
② 親の心を見通して答えるには幼すぎる
③ まだ幼くて親の機嫌を取り結べない
④ 親に歯向かうまでには成長していない
⑤ 状況に応じた判断をするにはまだ幼い

□26 お互いスマホを片手に生返事をかわす。

(イ) 生返事《なまへんじ》 26

① 本当の気持ちを包み隠して、相手を惑わそうとする返事
② 相手に本気では対応していない、いい加減な返事
③ 中途半端な態度で、相手の気持ちに迎合した返事
④ 相手の態度に機嫌を損ねて発した、ぶっきらぼうな返事
⑤ 相手の言うことを何も聞いていない、突き放した返事

□27 あの難物にそこまで言わせたのなら大したものだ。

(ウ) 難物《なんぶつ》 27

① 理解しがたい人
② 頭のかたい人
③ 心のせまい人
④ 扱いにくい人
⑤ 気のおけない人

解答

25 ① ② ③ ④ **⑤**
26 ① **②** ③ ④ ⑤
27 ① ② ③ **④** ⑤

25「年歯」＝「年端」＝年齢の程度。
①は「年齢相応」の箇所が間違い。

26 語の頭に付ける語の構成要素(＝接頭辞)としての「生」＝「未熟。少し。なんとなく。火を通さない。その場での」。「生意気」「生暖かい」「生白い(＝少し・変に白い)」「生かじり(＝ちょっと聞きかじっている・知識が生はんかで十分に解《わか》っていないこと)」など。

27「難物」は人だけでなく、「取り扱い困難なもの・事柄」にも用いる。
②の「頭のかたい人」＝「堅物《かたぶつ》」。

問　(ア)〜(ウ)の例文における意味として最も適当なものを、①〜⑤のうちから選べ。

□28 やたらに能弁なのは焦っている証拠だろう。

(ア) 能弁《のうべん》 [28]

① 能率的な話の運び
② なめらかな話し方
③ 頭のよい話ぶり
④ 可能な範囲の弁解
⑤ ずるがしこい弁舌

□29 途端に彼女が能面のような顔になり僕はやらかしてしまったと知る。

(イ) 能面のような [29]

① かたくなな
② 無表情な
③ 血の気の失せた
④ のっぺりした
⑤ 茫然《ぼうぜん》とした

□30 昨晩覚えたはずの単語が脳裏から消え去っていた。

(ウ) 脳裏《のうり》から [30]

① 自意識から
② 頭の中から
③ 思い出から
④ 無意識から
⑤ 諸感覚から

解答

28 ① **②** ③ ④ ⑤　29 ① **②** ③ ④ ⑤　30 ① **②** ③ ④ ⑤

28「能弁」は話し方を指すのであって、話の中身を言うのではないため、①の「能率的な」、③の「頭のよい」、④の「弁解」、⑤の「ずるがしこい」は間違い。

29「能面のような」は㊀イメージだけでなく「顔が端麗な」という㊉イメージでも使うので注意。

30「脳裏」＝「頭の中」で、「脳裏をかすめる（＝心の中に浮かぶ）」「脳裏に焼き付く（＝心に強く残る）」も重要。

問　(ア)〜(ウ)の例文における意味として最も適当なものを、①〜⑤のうちから選べ。

□31 背信の喜びが私の胸を満たす。

(ア) 背信《はいしん》 31
① 責任においてかけるところがあったこと
② 自信をもって発言できなかったこと
③ 信仰を貫かなければならないこと
④ 職務を十分に果たせなかったこと
⑤ 道義にそむいたあってはならないこと

□32 八戸港でしばし日和待ちかな。

(イ) 日和待《ひよりま》ち 32
① 無駄な努力をやめて結果をおとなしく待つこと
② 神仏に祈って幸運がもたらされるのを待つこと
③ 事態の好転する時がめぐってくるのを待つこと
④ 態度をはっきりさせずに傍観しながら待つこと
⑤ 時が流れてゆくのに任せてあてもなく待つこと

□33 世界はひろいものに満ちているのに、気づいていないのね。

(ウ) ひろいもの 33
① はるかに条件のいいもの
② 思いもかけないもうけもの
③ 少しくらいはましなもの
④ 考えもしなかった目新しいもの
⑤ だれもが見落としていたもの

解答

31 ① ② ③ ④ **5**

32 ① ② **3** ④ ⑤

33 ① **2** ③ ④ ⑤

31「背《そむ》く」と書くことがヒント。「信」はここでは「信義(＝約束を守り役目を果たす)」のことで、「信仰」のことではない。

32「日和」＝「(都合の良い)天候・晴天・成り行き」で、「小春日和(＝暖かな春のような日和)」「日和見(＝成り行きを見て有利な方につこうとすること)」も重要。①の「結果」、②の「神仏」、④の「態度」、⑤の「あてもなく」の㊀イメージが間違い。

33「拾い物」と書く。④は「目新しい」が間違い。⑤には「もうけもの」「得」の㊉要素がない。

問　(ア)～(ウ)の例文における意味として最も適当なものを、①～⑤のうちから選べ。

□34 彼には自分が頭がいいと勘違いしているふしがある。

(ア)　ふし　34

① 思いがけない節目
② 区切りとなる箇所
③ 新たなきっかけ
④ 予想された結果
⑤ 考えられる点

□35 水掛け論しかできない奴も多いからな。

(イ)　水掛け論　35

① 双方の意見の食い違いから議論をやめること
② 相手の意見に怒りを感じてけんかになること
③ 双方が意見を言い張って決着がつかないこと
④ 相手に自分の主張を一方的に押しつけること
⑤ 様々な話題について延々と議論を続けること

□36 俺ずっと奥様方から目をかけられてきたからなぁ。

(ウ)　目をかけられて　36

① 気に入られて
② にらまれて
③ 頼られて
④ 放って置かれて
⑤ ちやほやされて

解答

34　①　②　③　④　❺
35　①　②　❸　④　⑤
36　❶　②　③　④　⑤

34「節」と書く。語句の意味としては①・②も正しいが、例文に「勘違いしている」とあるから、⑤が正解。他にも「枝の付け根。関節。旋律《せんりつ》」の意味もある。

35 語源は、日照りのときに自分の田だけへ水を引こうと争ったこと。「我田引水（＝我が田にだけ水を引くように、自分に都合よく言ったりしたりすること）」も重要。④は「一方的に」が間違い。

36 ⑤の「ちやほや」＝「機嫌をとる様子」なので、⑤は間違い。

問 (ア)～(ウ)の例文における意味として最も適当なものを、①～⑤のうちから選べ。

□37 部活をいっせいにやめようともちかけられたんだ。

(ア) もちかけられた 37

① 問いかけられた
② 呼びかけられた
③ 話しかけられた
④ 誘いかけられた
⑤ 働きかけられた

□38 物心ついた時から大人の歓心を買う術《すべ》を知っていた。

(イ) 物心《ものごころ》ついた 38

① 物体や出来事の核心が納得された
② 物や精神面での援助が可能になり始めた
③ 人と人との関係が物と精神だと分かった
④ 世の中のことや人間関係が分かり始めた
⑤ 実際に見聞きしたことだけが信じられた

□39 失恋したよ。俺もう世捨て人になるわ…。

(ウ) 世捨て人 39

① 実社会から心ならずも逃避している人
② みずから世間との交渉を絶っている人
③ 元の豊かな生活を失ってしまった人
④ 何かの修行に真剣に打ち込んでいる人
⑤ あえて人間らしい感情を押し殺した人

解答

37 ① ② ③ **④** ⑤

38 ① ② ③ **④** ⑤

39 ① **②** ③ ④ ⑤

37「相談を持ち掛ける」などと使うことが多い。

38「物心」＝世の中のことについての知識。①の選択肢の「物」「心」の漢字だけで選ばないように注意。

39「世捨て人」＝「世の中を見捨てた人」なので、①の「逃避している」といったレベルでは間違い。④は「修行者」のことなので間違い。

問 (ア)〜(ウ)の例文における意味として最も適当なものを、①〜⑤のうちから選べ。

□**40** あん？　俺に四つ相撲《ずもう》で勝つ自信がないのか。

(ア) 四つ相撲《ずもう》　**40**

① 力が互角で身動きがとれない戦い
② 同じ身体能力や規則に基づいた戦い
③ 自分の力のみを頼りとした戦い
④ 意地でも引き下がれない戦い
⑤ 互いに真正面から取り組んでの戦い

□**41** あんな冷血動物とはこれ以上一緒にやっていけないよ。

(イ) 冷血《れいけつ》動物　**41**

① いつも勝ち逃げする人
② 人間らしい暖かみがない人
③ 体温の低い人
④ 意識の低い人
⑤ 他人に対して無関心な人

□**42** 老成したしゃべり方の人やなぁ。

(ウ) 老成した　**42**

① しわがれて渋みのある
② 知性的で筋道の通った
③ 年のわりに落ち着いた
④ 重々しく低音の響いた
⑤ 静かでゆっくりとした

解答

40 ① ② ③ ④ **❺**

41 ① **❷** ③ ④ ⑤

42 ① ② **❸** ④ ⑤

40 相撲用語で、互いの両手（＝四つの手）を差し出して真正面から組み合うということから。

41 本来の「冷血動物」＝「変温動物」＝「外界の温度変化で体温が大きく変わる動物」で、他から影響を受け易い動物なので⑤は間違い。ここでの「冷血動物」＝②＝「冷血漢」。**対** 恒温《こうおん》動物

42 「老」＝経験を積んだ（「老練（＝経験を積み巧《たく》みだ）」など）。漢字一字のイメージだけで①を選ばないように。たとえば「老成した女子高生」という表現もOKなので①は間違い。問題文と異なるフレーズを自分で作って考えよう♪

問 (ア)〜(ウ)の例文における意味として最も適当なものを、①〜⑤のうちから選べ。

□43 おっさんは我が意を得たりというように相槌《あいづち》を打った。

(ア) 相槌《あいづち》を打った 43

① それでよかったと同意した
② 軽い口調で受け流した
③ それもそうだと納得した
④ 調子を合わせてうなずいた
⑤ そんなものかと見下した

□44 息をのんでボールの行方を追う。

(イ) 息をのんで 44

① はっと驚いて
② ぐっと堪えて
③ さっと悟って
④ えっと呆れて
⑤ そっと隠れて

□45 彼もここまで言われたら一矢を報いずにはいられないでしょう。

(ウ) 一矢《いっし》を報《むく》いずには 45

① 無視せずには
② からかわずには
③ ごまかさずには
④ 嘆息せずには
⑤ 反撃せずには

解答

43 ① ② ③ **❹** ⑤
44 **❶** ② ③ ④ ⑤
45 ① ② ③ ④ **❺**

43「相槌」＝鍛冶《かじ》で、弟子が師匠の打つ槌《つち》に合わせて槌を打つこと。

44「息を殺す＝息を凝《こ》らす(＝静かにする)」、「息をつく＝息を抜く(＝一休みする)」など、「息」を使った他の慣用句も重要。

45「一矢を報いる」＝相手の攻撃に対してわずかでも反撃する。
「一」＝「わずかでも」で、「一指《いっし》を染める(＝わずかでも関係する)」も重要。

問　(ア)～(ウ)の例文における意味として最も適当なものを、①～⑤のうちから選べ。

□46 傷ついた男を慰撫《いぶ》するように、やさしく声をかけた。

(ア)　慰撫《いぶ》　46

① あわれみいつくしむこと
② 気づかいつくろうこと
③ かえりみてあやまること
④ 心をつくしはげますこと
⑤ なだめいたわること

□47 ほら、草の息吹を感じるでしょう？　あはは。ウフフ。

(イ)　息吹《いぶき》　47

① 息の根
② ためらい
③ ささやく声
④ 息づかい
⑤ ためいき

□48 俺は自分の心の奥底で邪悪なもののうごめきを感じた。

(ウ)　うごめき　48

① 絶え間のない小刻みな動き
② あたり一面に広がっていく壮大な動き
③ とまって見えるほど悠々とした動き
④ まわりのものを圧倒する力強い動き
⑤ かすかで複雑な動き

解答

46　①　②　③　④　❺
47　①　②　③　❹　⑤
48　❶　②　③　④　⑤

46 ①の「あわれみ」、②の「つくろう」、③の「あやまる」、④の「はげます」などの要素が間違い。「賄賂《わいろ》でも使って慰撫する」（夏目漱石『吾輩は猫である』）

47 「春の―」「新時代の―」のときには、「息吹」＝気配。①の「息の根」＝「命。呼吸」で「息の根を止める（＝殺す。完全に打ちのめす）」などと使う。文脈からだけで③にしないように。③の「声」は語句の意味として間違い。

48 ④の「圧倒する」や⑤の「複雑な」は間違い。

問 (ア)～(ウ)の例文における意味として最も適当なものを、①～⑤のうちから選べ。

□49 攻撃の手を緩めず追い打ちをかけて勝利を確実なものとしろ。

(ア) 追い打ちをかけて [49]

① 無理に付きまとって
② 強く責め立てて
③ しつこく働きかけて
④ 時間の見境なく
⑤ わざわざ調べて

□50 扉の向こうから切れぎれに嗚咽《おえつ》が聞こえてくる。

(イ) 嗚咽《おえつ》 [50]

① もらい泣き
② むせび泣き
③ うれし泣き
④ くやし泣き
⑤ しのび泣き

□51 スゲー悔しかったがおくびにも出さなかった。

(ウ) おくびにも出さなかった [51]

① 得意がって話はしなかった
② 好意的な意見を述べなかった
③ 少しも口に出して言わなかった
④ 何を聞いても無視していた
⑤ 退屈そうにあくびをした

解答

49 ① ② **③** ④ ⑤

50 ① **②** ③ ④ ⑤

51 ① ② **③** ④ ⑤

49「追い打(＝討・撃)ち」は元来「逃げていく者を追いかけて打(＝討・撃)つこと」だが、一般に「さらに打撃を与えること」。

50「咽」＝「咽《むせ》ぶ(＝声をのどに詰まらせて激しく泣く)こと」。⑤は「しのび泣き」＝「声を立てずにひっそりと泣くこと」なので間違い。

51「おくび」＝げっぷ♪
「おくびにも出さない」＝すっかり秘密にして素振《そぶ》りにも見せないようにする。

問　(ア)〜(ウ)の例文における意味として最も適当なものを、①〜⑤のうちから選べ。

□52 おどおどしながら隣、いいですか？　とたずねる。

(ア) おどおどしながら　52

① つっけんどんに
② おそるおそる
③ そわそわと
④ ためらって
⑤ せかせかと

□53 どうにかして敵をここまでおびき出せないか。

(イ) おびき出せない　53

① 手で捕まえることができない
② そばに寄ってこない
③ 表だって出てこない
④ だまして誘い寄せられない
⑤ 引きずり出すことができない

□54 奴がおれをおびやかす存在になろうとは。

(ウ) おびやかす　54

① 強い恐怖感を与え、妄想を起こさせる
② 緊張感を与え、気づまりにさせる
③ 相手を追い詰め、不安な気持ちにさせる
④ 自己満足を求めて、弱い者を苦しめる
⑤ 惨めな気持ちにさせ、屈辱感を与える

解答

52 ① **②** ③ ④ ⑤

53 ① ② ③ **④** ⑤

54 ① ② **③** ④ ⑤

52 ①の「つっけんどんに」＝とげとげしく愛想がない様子。③の「そわそわと」＝気がかりなことがあって落ち着かずに。

53 「誘《おび》く」＝だまして誘う。⑤の「引きずり出す」は「強引で力づく」の意味を含むので間違い。

54 「脅かす（＝おどして恐れさせる）」と書くが、「脅《おど》す」の読み書きにも注意。①の「妄想を起こさせる」、②の「気づまりにさせる」は間違い。

問　(ア)〜(ウ)の例文における意味として最も適当なものを、①〜⑤のうちから選べ。

□55 彼らは彼女ができないのをかこってばかりで何も努力しない。

(ア)　かこって　55

① 解消して
② 自分のものとして
③ 気にもとめずにいて
④ 口実にして
⑤ 嘆いて

□56 がたいの良い男たちが彼女にかしずくように跪《ひざまず》く。

(イ)　かしずく　56

① そばに仕えて世話をする
② 下から支えて盛り立てる
③ 後ろに控えて注意を払う
④ わきに回って力を添える
⑤ かげに隠れて面倒をみる

□57 別れた彼女の姿が俺の意識を掠《かす》める。

(ウ)　掠《かす》める　57

① 目をくらます
② こっそり奪う
③ 一瞬おそう
④ 心を奪う
⑤ 暗示する

解答

55 ①　②　③　④　**⑤**
56 **①**　②　③　④　⑤
57 ①　②　**③**　④　⑤

55「託《かこ》つ」＝「託《かこつ》ける」＝「口実とする。嘆く」であり、文脈から④ではなく、⑤となる。

56 傍線部と置き換えて④を選ばないように注意。古語の「かしづく」＝「大切に育てる。大切に世話をする」。

57「掠める」＝こっそり奪う。ごまかす。わずかに触れる。ここでは例文の文脈から②ではなく「わずかに触れる」と同じ意味となる③を選ぶ。④はわずかさを示す言葉がないので間違い。

問 (ア)〜(ウ)の例文における意味として最も適当なものを、①〜⑤のうちから選べ。

□58 少女が静かにかぶりを振る。

(ア) かぶりを振る 58

① 気弱くうなだれてやめたいという意思を表す
② 頭を振りながら許しを乞うようにたのむ
③ 大きくうなずいて頑張るという意思を表す
④ うつむいて悲しみの心情を表す
⑤ 頭を振って不承知の意思表示をする

□59 やけに愛想がいいのが微妙な空気を醸していた。

(イ) 醸《かも》して 59

① かすかに乱して
② ほのかに発して
③ ほどよく整えて
④ ゆっくりと包み込んで
⑤ 徐々につくり出して

□60 俺は彼女の歓心を得るためには本当に何でもした。

(ウ) 歓心を得る 60

① 喜んでくれるように機嫌をとる
② 関心を示してくれるように配慮する
③ 喜んで賛成してくれるように気を使う
④ なるほどと感心してくれるように工夫する
⑤ 取り入ってくれるように仕向ける

解答

58 ① ② ③ ④ ❺　59 ① ② ③ ④ ❺　60 ❶ ② ③ ④ ⑤

58「頭《かぶり》を振る」は、頭を左右に振って否定の気持ちを表すときに使う。②・③・④は否定の意味がないので間違い。
対 首を縦に振る(＝承知・承諾する)

59 元来「醸す」とは「酉」から解るように、麹《こうじ》に水を加えて発酵させ「酒」などをつくること。だから「徐々に」「つくる」が必須。置き換えで②を選ばないように。②では、本人だけが「空気」を発して、周りの「空気」を「つくる」ことにはならない。

60「歓心」＝歓《よろこ》び嬉しがること。
異 関心(＝興味をもち気にかける)・寒心(＝恐ろしくてぞっとする)・感心(＝心を動かされる。驚きあきれる)

問　(ア)〜(ウ)の例文における意味として最も適当なものを、①〜⑤のうちから選べ。

□61 男は寂しがり屋だから、などと彼は詭弁《きべん》を弄した。

(ア) 詭《き》弁《べん》を弄《ろう》した　61

① こじつけの論を巧みにあやつった
② 哲学的ないいまわしで幻惑させた
③ 自信に満ちた自説を次々と展開した
④ あいまいな議論を巧みにもてあそんだ
⑤ もっともな正論を堂々と展開した

□62 鮮やかに切り返されて俺はろうばいした。

(イ) 切り返されて　62

① 相手を傷つけたしかえしとして、激しく言い返されて
② 自分のことばを無視され、ひどく言い返されて
③ 向こうの思い通りになるように、うまく言い返されて
④ こちらのことばに応じる形で、すばやく言い返されて
⑤ 思いもしないことばで、強烈に言い返されて

□63 いくら残っているのかと訊《き》かれ、男は口ごもった。

(ウ) 口ごもった　63

① ことばが見つからず否定した
② ことばにつまってはっきり言えなかった
③ ことばを失って違うことを言った
④ ことばにしたくなくて黙ってしまった
⑤ ことばを忘れて小さな声で言った

解答

61 ❶ ② ③ ④ ⑤

62 ① ② ③ ❹ ⑤

63 ① ❷ ③ ④ ⑤

61「詭」＝あざむく。「弄する」＝弄《もてあそ》ぶ。①の「こじつけ」＝無理矢理の理屈。

62 元来「切り返す」＝「相手が切りかかってきたのに応じて、すばやく切りかかる」なので、「応じる」「すばやく」が必須。③の「思い通りに」「うまく」の要素はない。

63「口籠《くちご》る」は口に言葉がこもる状態だから「ことばにつまる」「はっきり言えない」などの意味となる。④の「黙る」は「口ごもった」の結果であるから間違い。たとえば「飲み物」は結果として「喉を潤す」が、「喉を潤すもの」ではない。結果の選択肢を選ばないように。

問　(ア)〜(ウ)の例文における意味として最も適当なものを、①〜⑤のうちから選べ。

□64 私はおとなしく口を噤《つぐ》んだ。

(ア) 口を噤《つぐ》んだ　64

① ひとり言を言い残した
② 愚痴を言うのをやめた
③ 発言するのをためらった
④ 話すのをやめて黙った
⑤ 言い出す機会を失った

□65 いちいち口を挟むんじゃねーよ。

(イ) 口を挟《はさ》む　65

① 命令をする
② 邪魔をする
③ 割り込む
④ 文句を言う
⑤ 意見を述べる

□66 はじめて彼が首をもたげて私を見た。

(ウ) 首をもたげて　66

① 今まで傾けていた首を横にひねって
② 今まで脇を向いていた頭を元に戻して
③ 今まで下げていた頭を起こして
④ 今まで正面を向いていた顔を上に向けて
⑤ 今まで上に伸ばしていた首をすくめて

解答

64 ① ② ③ **④** ⑤

65 ① ② **③** ④ ⑤

66 ① ② **③** ④ ⑤

64「噤む」＝言わない。③の「ためらった」ではダメ。

65「挟む」＝「間に持つ。間に入れる。間に置く」なので、正解は「間に割って入り込む」＝③「割り込む」。置き換えで⑤などを選ばないように。

66「もたげる」＝「持ち上げる」なので、①の「ひねって」や⑤の「すくめて」は間違い。④＝「首を反らせて」なので間違い。

問 (ア)〜(ウ)の例文における意味として最も適当なものを、①〜⑤のうちから選べ。

□67 思わず「うまっ」っと声を洩《も》らした。

(ア) 声を洩《も》らした 67

① ひとりごとを言った
② こっそりとつぶやいた
③ 悲鳴を上げた
④ 感情的に言った
⑤ 小さく叫んだ

□68 彼は事もなげに彼女のアドレスを他人に教えた。

(イ) 事もなげに 68

① 強引に
② 平然と
③ なげやりに
④ 堂々と
⑤ 無感覚に

□69 その女はいつも姑《しゅうとめ》のことでこぼしている。

(ウ) こぼしている 69

① 涙を流して訴えている
② 不満をもらし嘆いている
③ あきれたように批判している
④ 秘密を暴露しあざけっている
⑤ 恥ずかしそうに打ち明けている

解答

67 ① ② ③ ④ **⑤**
68 ① **②** ③ ④ ⑤
69 ① **②** ③ ④ ⑤

67「漏(洩)らす」は「思わず外に出す」なので、「思わず」の要素がない①・②・④は間違い。②は「声を潜《ひそ》めた(=聞かれないように声を小さくした)」に近い説明。

68「事も無《な》げに(=何事も無いかのように)」なので、③の「なげやりに」ではない。また、他人から見た様子・態度の説明なので、⑤のような本人の「感覚」の説明ではない。

69「こぼす」は本来「外に出す」という意味。「取りこぼす(=勝てるはずの試合に負ける)」も重要。

問 (ア)〜(ウ)の例文における意味として最も適当なものを、①〜⑤のうちから選べ。

□70 渾身《こんしん》の力を振り絞って、手を握ってしまいました。

(ア) 渾身《こんしん》の力 70

① 最後に出る底力
② 体じゅうの力
③ 強い忍耐の力
④ 残されている気力
⑤ みなぎり溢《あふ》れる力

□71 仲間が三々五々散ってゆくのをぼんやり眺めていた。

(イ) 三々五々散ってゆく 71

① 足並みをそろえて分かれていく
② 順序よく方々に散らばっていく
③ 列を乱しながらそれぞれ帰っていく
④ ちりぢりになって離れていく
⑤ 少人数ごとにまばらに去っていく

□72 初老の男は青年をしげしげと見た。

(ウ) しげしげと見た 72

① 信じられなくてくり返し見返した
② 確かめるようにじっと見入った
③ 驚きのあまりぼうぜんと眺めた
④ だまされたと思って目をそむけた
⑤ 心を奪われて目が離せなかった

解答

70 ① **❷** ③ ④ ⑤
71 ① ② ③ ④ **❺**
72 ① **❷** ③ ④ ⑤

70「渾」＝「すべて」という意味で、「渾身」＝「からだ全体。満身」。①の「最後」、④の「気力」という意味はない。

71「三々五々」は三人または五人で、から「少人数ごとにまばらに」。②の「順序よく」は間違い。④は「四散していく(＝四方にちりぢりになっていく)」に近い。

72「繁々《しげしげ》(と)」＝度々《たびたび》。目をこらして。「とげとげ(と)(＝とがって親近感を欠いている様子)」も重要。

問 (ア)～(ウ)の例文における意味として最も適当なものを、①～⑤のうちから選べ。

□73 何もかも失ったよ。自業自得だな、ははっ。

(ア) 自業自得だ [73]

① 自分の若さということを自覚すべきだ
② 自分の行動には責任がつきまとうものだ
③ 自分の犯した誤りの報いを受けたのだ
④ 自分の運命を自ら納得しているだけだ
⑤ 自分の立場というものをわきまえるべきだ

□74 こっちが下手に出てやってるのをいいことに、あいつ…。

(イ) 下手《したて》に出て [74]

① 相手に対し巧みに自分を隠して
② 相手に対しへりくだった態度を取って
③ 相手を不快にさせかねない様子で
④ 相手に率直で飾らない態度を見せて
⑤ 相手に対し苛立《いらだ》ちを隠せない様子で

□75 ばつぐんのボケに思わず失笑した。

(ウ) 失笑《しっしょう》した [75]

① 声を殺して笑った
② 苦々しく笑った
③ 辺りかまわず笑った
④ 仕方なさそうに笑った
⑤ 噴き出して笑った

解答

73 ① ② ❸ ④ ⑤　74 ① ❷ ③ ④ ⑤　75 ① ② ③ ④ ❺

73「自業自得」は元来「自分のした行いの結果を自分が受けること」だが、一般的には「自分のした悪事の報いを受けること」を言う。②の「責任」、⑤の「立場」は間違い。

74「下手に出る」＝「下手」であるかのような態度に「出る」。「下手」の対は「上手《うわて》」。

75「失笑」は元来「笑いを抑えることに失敗して笑う」の意味なので、①の「声を殺して」、②の「苦々しく」、④の「仕方なさそうに」は間違い。文化庁の国語世論調査では、半数以上の人が「失笑」を「笑いも出ないくらいあきれる」と間違えているので注意。「失笑を買う（＝失笑される）」も重要。

問 (ア)〜(ウ)の例文における意味として最も適当なものを、①〜⑤のうちから選べ。

□76 今は雌伏の時期だと思ってるんで。

(ア) 雌伏《しふく》 76

① 夢を抱いてその実現のために努力を惜しまないこと
② 悔しい思いを昇華して悟りの境地にあること
③ 将来活躍する機会が来るのをじっと耐えて待つこと
④ 現状に満足できず身近な周囲に当たり散らすこと
⑤ 怖じ気づいたふりをして他人をあざむくこと

□77 そう邪険にするなよ。

(イ) 邪険《じゃけん》に 77

① 優しそうに見せながら残酷に
② 思いやりがなく無慈悲に
③ 意地悪く他人行儀を装って
④ よこしまな下心をもって
⑤ 愛想もなく暴力的に

□78 俺は尋問されたような気分になった。

(ウ) 尋問《じんもん》されたような 78

① 返事をせかされたような
② 相手に威圧されたような
③ 判決が下されたような
④ 一方的に非難されたような
⑤ 問い詰められたような

解答

76 ① ② **③** ④ ⑤　77 ① **②** ③ ④ ⑤　78 ① ② ③ ④ **⑤**

76「じっと耐えて待つ」の要素が必要なので、①の「努力を惜しまない」、②の「悟りの境地」はダメ。対雄飛(＝勢い盛んに活躍する)

77「邪険」＝邪《よこしま》で険しい。意地悪く冷たい。③の「他人行儀を装って」、④の「下心」、⑤の「暴力的に」は間違い。

78「尋問」＝問いただす。強制的に返答させる。⑤の「問い詰める」＝どこまでも問いただす。

問　(ア)～(ウ)の例文における意味として最も適当なものを、①～⑤のうちから選べ。

□79 さんざ迷惑かけて、すましているつもりかよ。

(ア) すましている　79

① 面白がっている
② 謝り続けている
③ 知らん顔をしている
④ 耳を傾けて聞いている
⑤ 申し訳なさそうにしている

□80 うぜーから俺のまわりでたむろするなよ！

(イ) たむろする　80

① いい気分に浸っている
② 群れ集まっている
③ うろついている
④ 言い合っている
⑤ すわり込んでいる

□81 憑物《つきもの》が落ちたようにさっぱりとした表情をしていた。

(ウ) 憑物《つきもの》が落ちた　81

① 放心したような
② 我に返ったような
③ 気を張ったような
④ 十分寝足りたような
⑤ ほっとしたような

解答

79　①　②　❸　④　⑤
80　①　❷　③　④　⑤
81　①　❷　③　④　⑤

79「澄《す》ます」＝⑴濁りのない状態にする ⑵雑念を払う ⑶注意を向ける ⑷関わりのない表情をする ⑸よそ行きの表情をする。ここでは⑷の用法。
④＝「耳を澄ましている」なので間違い。

80「屯《たむろ》」は「群れ。集団」の意味で、「駐屯地《ちゅうとんち》（＝軍隊がある土地にとどまってい る）」などで使う。置き換えで③を選ばないように。

81「憑物」＝「動物などの霊」で、狐などの霊に憑《つ》かれて精神に異常をきたした者が、その霊が「落ちた」ことで我に返るので②が正解。

問　(ア)〜(ウ)の例文における意味として最も適当なものを、①〜⑤のうちから選べ。

□82　もう来るなと突っけんどんに言った。

(ア)　突っけんどんに　82

① 厳しく詰問するように
② 横柄な態度で無遠慮に
③ 鋭く冷ややかな調子で
④ 批判的な態度でいきなり
⑤ とげとげしく愛想がなく

□83　私が手取り足取りの指導をしてあげよう。

(イ)　手取り足取りの　83

① 動き方を分かりやすく指導する
② 体の使い方の手本を見せる
③ 手と足の動かし方を詳しく示す
④ 自分も一緒に手足を動かして教える
⑤ 何から何まで細かに面倒を見る

□84　T大学に合格するだけなら、てもなくできるさ。

(ウ)　てもなく　84

① 考えるまでもなく
② いとも簡単に
③ 興味をそがれることなく
④ 思惑どおりに
⑤ 逆らうこともできず

解答

82　①　②　③　④　**⑤**
83　①　②　③　④　**⑤**
84　①　**②**　③　④　⑤

82 ①の「詰問《きつもん》する」、②の「横柄な」、④の「批判的な」は間違い。③は「突っけんどん」に言われたときに「冷ややかな調子」と感じることは多いだろうが、説明としては間違い。結果の印象から判断しないように。

83 手足を実際に動かすという意味ではないので注意。「手も足も出ない(＝自分の力を超えていて、なす術《すべ》がない)」も重要。

84 「手も無く」には解答以外に「そのまま」の意味も。「一素直に答える」。「一も二も無く(＝言うまでもなく。異議なく)」「我にも無く(＝無意識に。夢中で)」も重要。

問 (ア)〜(ウ)の例文における意味として最も適当なものを、①〜⑤のうちから選べ。

□85 そこには透明な気高い青さがあった!

(ア) 透明な 85
① ぬくもりのない
② 悪意のない
③ まじり気のない
④ 形のない
⑤ 暗さのない

□86 彼らは毒づくだけで、事態を変えることはできない。

(イ) 毒づく 86
① ひそかに非難する
② 自分に悪態をつく
③ 思わず暴言を吐く
④ さんざん愚痴をこぼす
⑤ 激しく悪口を言う

□87 過去の栄光をとくとくと語るのが好きな、ただのおっさんさ。

(ウ) とくとくと 87
① 意欲満々で
② 充分満足して
③ 利害を考えながら
④ 始めから順番どおりに
⑤ いかにも得意そうに

解答

85 ① ② **③** ④ ⑤

86 ① ② ③ ④ **⑤**

87 ① ② ③ ④ **⑤**

85「透明」は「透き通っていて濁りのない様子」に広く用いる。

86「毒突く」と書く。「突く」は攻撃的な行為なので、④ではない。また、①の「ひそかに」は間違い。

87「得々」と書く。「疾く疾く」と書く場合は「早く・大急ぎで」。

問 (ア)～(ウ)の例文における意味として最も適当なものを、①～⑤のうちから選べ。

□88 やべ、思わず頓狂な声をあげちまったじゃねーか。

(ア) 頓狂《とんきょう》な声 [88]

① びっくりして気を失いそうな声
② あわてて調子はずれになっている声
③ ことさらに深刻さを装った声
④ とっさに怒りをごまかそうとした声
⑤ 失望してうちひしがれたような声

□89 必死に宥《なだ》め賺《すか》して何とかその場にとどまってもらえ。

(イ) 宥《なだ》め賺《すか》して [89]

① 機嫌をとって気を変えさせ
② 脅し文句を並べてあきらめさせ
③ 冗談を言って気分を変えさせ
④ 許しを求めて怒りをしずめさせ
⑤ 責めたてて考え直させ

□90 なんであんたに難詰するような口のきき方されなくちゃいけないの。

(ウ) 難詰《なんきつ》する [90]

① 非を挙げて問いつめる
② うまく対処したと褒める
③ つらい立場に追い込む
④ かわいそうだと憐れむ
⑤ 言いがかりをつけて責める

解答

88 ① **②** ③ ④ ⑤　89 **①** ② ③ ④ ⑤　90 **①** ② ③ ④ ⑤

88 ここでの「頓」＝「急に」。「頓服《とんぷく》（＝薬を一回で服用すること）」も重要。**対** 分服（＝薬を分けて服用する）」

89 「なだめる」＝機嫌をとる。気持ちを穏やかにする。「すかす」＝機嫌をとる。おだてる。

90 ①の「非」＝「よくないこと」で、「非の打ち所が無い（＝非難するところがない）」「非を鳴らす（＝厳しく非難する）」などと使う。③の「つらい立場」は結果の印象にすぎない。⑤の「言いがかり（＝困らせるための口実）」は間違い。

問　(ア)〜(ウ)の例文における意味として最も適当なものを、①〜⑤のうちから選べ。

□91 私から逃げおおせるとでも思ったのか。

(ア) 逃げおおせる　[91]

① 最後まで逃げ切る
② 逃げるふりをする
③ 間をぬって逃げる
④ こっそりと逃げる
⑤ 逃げ出して隠れる

□92 彼女はすべてにぬかりがなかった。

(イ) ぬかりがなかった　[92]

① 抜け目なく準備していた
② 冷静で欠点がなかった
③ 当然だと予想していた
④ 気を回して持ってきていた
⑤ 先走って買っておいた

□93 疲れた僕をねぎらうようにあたたかい食事を用意してくれていた。

(ウ) ねぎらう　[93]

① 苦労をすばらしいこととして、ほめたたえる
② 協力をうれしく感じ、ごちそうでもてなす
③ 尽力を知って、あらためて礼を言う
④ 共感をおぼえ、ことばをかける
⑤ 骨折りをありがたいと思い、いたわる

解答

91 ❶ ② ③ ④ ⑤
92 ❶ ② ③ ④ ⑤
93 ① ② ③ ④ ❺

91「逃げ果《おお》せる」と書くが、「果《おお》せる」＝果《は》たす（＝なしとげる）。「おおう」ではないので、④の「こっそり」、⑤の「隠れる」は間違い。

92「抜かり」＝「手抜かり」＝「手落ち」＝油断。「合わせる顔がない（＝面目《めんぼく》《めんもく》がなくて、その人の前に出られない気持ちだ）」「選ぶところがない（＝比較しても同じだ）」「世話がない（＝手間がかからない。あきれはててどうしようもない）」も重要。

93「労《ねぎら》う」と書く。相手の「苦労」を前提に「慰める」「感謝する」の意味だから、①の「ほめたたえる」は間違い。

問 (ア)〜(ウ)の例文における意味として最も適当なものを、①〜⑤のうちから選べ。

□94 周囲に白眼視される人生にも慣れた。

(ア) 白眼視《はくがんし》される 94

① 冷淡に扱われる
② 一目置かれる
③ 特別に見られる
④ 軽視される
⑤ 注目される

□95 積極的に女性を抜擢していく方針らしい。

(イ) 抜擢《ばってき》して 95

① 多くの中から能力がすぐれていると認めて
② 多くの中から高い格式にふさわしい者を選んで
③ 多くの中から抜き出すようにして選別して
④ 多くの中から役柄によって採用を絞りこんで
⑤ 多くの中から引き抜くように登用して

□96 八方画策してようやく契約にこぎつけたというのに……。

(ウ) 八方画策《はっぽうかくさく》して 96

① あらゆる方面に出向いていき、自分の立てた計画を話して
② あらゆる方面にはたらきかけ、計画の実現をはかって
③ あらゆる方面から情報を集め、様々な計画を立案して
④ 色々な計画をねりあげ、いちばんよいのを実行して
⑤ 色々な計画を人々から提出させ、どれがよいかを討議して

解答

94 ❶ ② ③ ④ ⑤
95 ① ② ③ ④ ❺
96 ① ❷ ③ ④ ⑤

94「白眼」＝白目がちに見る目つき。「白眼視」＝「白い目」＝意地の悪い目＝冷たい目で見る。冷淡に扱う。②の「一目置かれる」＝優れていると認められて敬意を払われる。

95「用いて」「登用して」の意味が必須。

96「八方」＝東西南北と北東・北西・南東・南西。「八方美人(＝誰とでも愛想よく付き合う人)」「八方塞《ふさ》がり(＝とるべき手段がなく何もできない)」「八方破れ(＝至るところ隙《すき》だらけでどこにも備《そな》えがない)」も重要。

問 (ア)〜(ウ)の例文における意味として最も適当なものを、①〜⑤のうちから選べ。

□97 だいじな話の腰を折ってしまって申し訳ないのですが。

(ア) 話の腰を折って 97
① 話の内容を変え他の内容にして
② 話の途中に口をはさみ筋をゆがめて
③ 話の途中で別の話題を持ち出し妨げて
④ 話をさせないようにし初めからさえぎって
⑤ 話が根も葉もないと指摘し非難して

□98 あなたの声好きよ、という言葉を何度も心の中で反芻《はんすう》していた。

(イ) 反芻《はんすう》していた 98
① 考え直していた
② 改めて思っていた
③ 反発を感じていた
④ 繰り返し考えていた
⑤ 反省していた

□99 ひっきりなしにメッセージ送ってくんじゃねー。

(ウ) ひっきりなしに 99
① 相手のことなど気にもかけずに
② 休む間もなく立て続けに
③ 少しのすきも見せずに
④ 次々と思いつくままに
⑤ 手当たり次第やみくもに

解答

97 ① ② ❸ ④ ⑤

98 ① ② ③ ❹ ⑤

99 ① ❷ ③ ④ ⑤

97「腰を折る」＝途中で妨げる。
①の「他の内容にして」、②の「筋をゆがめて」では「折って」いることにはならないので間違い。

98「芻」＝干し草で、「反芻」は牛などが一度飲み込んだ食べ物を口に戻し、繰り返し噛《か》んで飲み込むことからできた言葉。

99「引っ切り無しに」と書く。「引っ切り」＝「引き切り」＝引いて切ること。
「何とは無しに(＝どうということもなく)」「それとは無しに(＝遠回しに)」も重要。

問 (ア)〜(ウ)の例文における意味として最も適当なものを、①〜⑤のうちから選べ。

□100 寒くて手が動かねぇ、とひとりごちるように言った。

(ア) ひとりごちるように [100]

① 投げ出すように
② つぶやくように
③ 独り言のように
④ ぐちるように
⑤ 嘆くように

□101 当時資金繰りがうまくいかず、彼には大変な不義理をしたんだ。

(イ) 不義理をした [101]

① 人間味のない扱いをした
② 社交上のつきあいを断った
③ 借金を返せず迷惑をかけた
④ 筋の通らない弁解をした
⑤ 感情的になり言い争った

□102 へらず口を叩《たた》くばかりで何もしようとしない輩《やから》たちだよ。

(ウ) へらず口を叩《たた》く [102]

① 厳しく責める言葉を続ける
② 負け惜しみで喋り続ける
③ まったく意味のないことを話す
④ とても慎重に語りかける
⑤ はっきり意見を切り出す

解答

100 ① ② **③** ④ ⑤
101 ① ② **③** ④ ⑤
102 ① **②** ③ ④ ⑤

100「独《ひと》り言《ご》ちる」＝「独り言つ」＝「独り言」の動詞化。大和言葉は音に注意。
②の「つぶやく」は独り言でも使われるが、「小声で」の意味が入るので不適切。

101「不義理」＝「義理を欠く」だが、金品の返済について使われることも多い。「資金繰りがうまくいかず」から考えて答を決める。

102「減らず口」＝負け惜しみ。憎まれ口。言いたい放題。「叩く」はここでは「盛んに言う」。「大口を叩く(＝偉そうなことを盛んに言う)」「憎まれ口を叩く(＝憎まれるような言葉を盛んに言う)」も重要。

問 (ア)〜(ウ)の例文における意味として最も適当なものを、①〜⑤のうちから選べ。

□103 頬を打たれでもしたように突然すべての合点がいった。

(ア) 頬を打たれでもしたように 103

① 自らの欠点を指摘され恥じいるように
② 思慮の足りなさに気づき反省するように
③ 思いがけない展開におどろくように
④ はじめて気づかされ目が覚めたように
⑤ 何気ない言葉に打ちのめされたように

□104 あ、今日ジャンプの発売日だ、と、彼はぽつっと言った。

(イ) ぽつっと 104

① 軽い口調で
② 思いついたように
③ 照れくさそうに
④ 深刻そうに
⑤ 心配そうに

□105 子猫にまつわられ顔がニヤける。

(ウ) まつわられ 105

① しきりに泣きつかれ
② 勝手きままに振る舞われ
③ ひどくわがままを言われ
④ うるさく付きまとわれ
⑤ 激しく動きまわられ

解答

103 ① ② ③ ❹ ⑤　104 ① ❷ ③ ④ ⑤　105 ① ② ③ ❹ ⑤

103「打たれ」と受け身になっていることに注意。①の「恥じいる」＝「頬を染める」。②の「思慮の足りなさ」、⑤の「打ちのめされた」は間違い。頬だけ打たれても、普通は打ちのめされないよね♪

104「ぽつっと」＝「ぽつりと」＝水滴が一つ落ちる・小さな穴や点が一つだけできる・一つだけ離れてある・沈黙を破って一言だけ言う様子。

105「纏《まつ》わる」には「関連する」の意味もあるので注意。

問　(ア)～(ウ)の例文における意味として最も適当なものを、①～⑤のうちから選べ。

□106 えー、甘あまな雰囲気の中、水をさしたくはないんですが……。

(ア) 水をさしたく　106

① 批判したく
② 冷やかしたく
③ 涙を見せたく
④ ごまかしたく
⑤ 邪魔したく

□107 劣勢と見てとるや彼はたちまち寝返った。

(イ) 見てとる　107

① 気配を感じとる
② 気持ちを見抜く
③ 先を見通す
④ 隠していることを見破る
⑤ 様子を見て判断する

□108 高いよ、と耳打ちする。

(ウ) 耳打ち　108

① 耳のそばで舌打ちすること
② 耳元でそっとささやくこと
③ 耳に口を寄せて注意を促すこと
④ 耳を引っぱるようにして指図すること
⑤ 耳の近くで秘密を打ち明けること

解答

106 ① ② ③ ④ **❺**

107 ① ② ③ ④ **❺**

108 ① **❷** ③ ④ ⑤

106「水をさす」は元来「水を加えて薄める」。

107 ①の「感じとる」、②の「気持ちを」、③の「先を」、④の「隠していることを」は間違い。

108「耳」を使う「耳寄り（＝聞くに値すること）」「耳学問（＝他人の話だけから得た知識）」「寝耳に水（＝不意の出来事に驚くこと）」も重要。

問　(ア)～(ウ)の例文における意味として最も適当なものを、①～⑤のうちから選べ。

□109 耳をそばだてれば彼の息づかいまでが聞こえてくるようだった。

(ア) 耳をそばだてれば **109**

① 注意して聞くと
② こわがって聞くと
③ まじめに聞くと
④ 横を向いて聞くと
⑤ そばで聞くと

□110 俺のだいじなフィギュアを無造作に扱わないでくれ。

(イ) 無造作《むぞうさ》に **110**

① 先の見通しを持たずに
② いらだたしげに荒っぽく
③ 慎重にやらず投げやりに
④ 先を越されないように素早く
⑤ 周囲の人たちを見下して

□111 ファスナーあいてるよ、と目くばせした。

(ウ) 目くばせした **111**

① 目つきですごんだ
② 目つきで制した
③ 目つきで頼み込んだ
④ 目つきで気遣った
⑤ 目つきで合図した

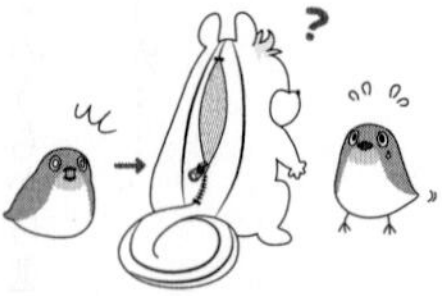

解答

109 **①** ② ③ ④ ⑤
110 ① ② **③** ④ ⑤
111 ① ② ③ ④ **⑤**

109「そばだてる」＝そびえ立たせる。「枕をそばだてる（＝枕を一方に傾け注意して聞く）」「目（眼《め》）をそばだてる（＝横目で見る。目をそらす）」も重要。

110「無造（雑《ぞう》）作」は「大変な事とは考えずに気軽にする様子」だが、良い意味でも悪い意味でも使う。

111「目配せ」と書くが、素早く視線を走らせたり、瞬きをして見せたりなどの「目つきで合図すること」。

問 (ア)〜(ウ)の例文における意味として最も適当なものを、①〜⑤のうちから選べ。

□112 彼はDVDが本棚にあるのを目ざとく見つけた。

(ア) 目ざとく 112

① すばやく目をつけて
② 好運にも目をむけ
③ せわしなく見まわし
④ 目を凝らして見て
⑤ 鋭い目つきで

□113 落ち着いて。目を凝らして、ようく見るんだ。

(イ) 目を凝《こ》らして 113

① 緊張のあまり目に疲れを覚えて
② 余裕をもってつくづくと眺めて
③ あわただしく次々に視線を走らせて
④ 障害物を避けつつ懸命に目で追って
⑤ 注意を集中してじっと見つめて

□114 少年の成長っぷりには眼《め》を瞠《みは》った。

(ウ) 眼《め》を瞠《みは》った 114

① 鋭い目つきで相手をにらんだ
② はじらいながら目を伏せた
③ 非難を込めて目をそらした
④ 目を丸くして相手を見つめた
⑤ 驚きをもって目を見開いた

解答

112 **❶** ② ③ ④ ⑤　113 ① ② ③ ④ **❺**　114 ① ② ③ ④ **❺**

112「目敏《ざと》く」と書くので、俊敏さ＝すばやさの要素が必須。また⑤は「目つき」の説明になっている点でも間違い。

113「目(眼《め》)を凝らす」＝凝視する。「目(眼)を光らす(＝鋭い目つきで見張る)」「目(眼)を喜ばす(＝見て楽しませるようにさせる)」「目(眼)を肥《こ》やす(＝よい物を見て、楽しむ・判断力を養う)」も重要。

114「眼(目)を見張った」とも書く。「眼(目)を瞠(見張)る」＝「瞠目《どうもく》する」＝驚き・感動で目を開いて見つめる。

問　(ア)〜(ウ)の例文における意味として最も適当なものを、①〜⑤のうちから選べ。

□115 女が不審気に眼《め》を寄越《よこ》してきた。

(ア) 眼《め》を寄越《よこ》して　115

① 視線を中空にさまよわせて
② 離れたところから見つめて
③ 間近に見守って
④ 近寄ってきて見とがめて
⑤ 遠くから見張って

□116 一位をとって、面目を取り戻したい。

(イ) 面目《めんぼく》《めんもく》を取り戻し　116

① 顔の表情を生き生きとさせ
② 周囲からの評価を回復し
③ 世間に対する名誉を獲得し
④ 威厳に満ちた姿勢をとり
⑤ 注目される力をよみがえらせ

□117 彼らをいずれ別れさせようという目論見《もくろみ》は当たった。

(ウ) 目論見《もくろみ》は当たった　117

① 計画が完全だったことがわかった
② 予想通りの結果に十分満足できた
③ 論理的な正しさが証明された
④ しくんだ通りにねらいは成功した
⑤ 目に見えるような効果が現れた

解答

115 ① **❷** ③ ④ ⑤
116 ① **❷** ③ ④ ⑤
117 ① ② ③ **❹** ⑤

115 入試で問われた「眼を寄越す」より「目(眼《め》)を遣《や》る」が慣用表現。③の「間近に」、④の「近寄ってきて」「見とがめて」、⑤の「見張って」は間違い。

116 「面目」＝見た様子。周囲からの評価。傍線部との置き換えで①・⑤としないように。③や④は傍線部の「戻し」の要素がない。

117 「目論見」＝「もくろむこと」＝計画。企て。②の「予想」「満足」、③の「論理的な」「証明」、⑤の「目に見えるような」は間違い。「先生は決して自分の目論見を隠していたわけではなかったからね」（村上春樹『1Q84』）

問　(ア)〜(ウ)の例文における意味として最も適当なものを、①〜⑤のうちから選べ。

□118 元をただせば君がさいしょに知りたくないと言ったんだ。

(ア) 元《もと》をただせば [118]
① 原因を突きつめると
② 真意を探ってみると
③ 特徴を直接的にいうと
④ 状況を正しく理解すると
⑤ 実状を正しく言い換えると

□119 毎日自分を律して生きるのにも飽きた……。

(イ) 自分を律《りっ》して [119]
① 自らの基準に従って対処して
② 自らの信条に則して活動して
③ 雑念を排して自分を制御して
④ 人に頼らずに自分で生活して
⑤ 常識を心得て自分で決断して

□120 私についてこい。悪いようにはせぬ。

(ウ) 悪いようにはせぬ [120]
① ひどい結論だけは避ける
② よい結果が出るようにする
③ 悪意による決定はしない
④ よりよい方向で発言する
⑤ 必ず目的を実現させる

解答

118 ❶ ② ③ ④ ⑤　119 ❶ ② ③ ④ ⑤　120 ① ❷ ③ ④ ⑤

118「元を正す」＝原因や始まりをはっきりさせる。②の「真意（＝本当の意向・真実の意義）」は間違い。傍線部との置き換えで④・⑤としないように注意。

119「律する」＝一定の基準に従って対処・処置する。傍線部との置き換えで解かないように注意。②の「信条（＝固く信じ守っている事柄。信念）」、③の「雑念を排して」、④の「生活して」、⑤の「常識」は間違い。

120「悪くない」は慣用表現としては「よい」の意味。たとえば「悪くない人柄」＝「いい人柄」。①の「結論」、③の「悪意」は間違い。

問　(ア)〜(ウ)の例文における意味として最も適当なものを、①〜⑤のうちから選べ。

□121 何、あの垢《あか》ぬけした女性がお前の彼女だとう⁉

(ア) 垢《あか》ぬけした 121
① 清楚できちんと身づくろいした
② 気品に満ちあふれた
③ 洗練され小ざっぱりとした
④ 隅々まで神経の行き届いた
⑤ 洒落《しゃれ》た様子で一際目立った

□122 ま、そう肩肘《ひじ》はらずに。あけすけにいこうや。

(イ) あけすけに 122
① つつみかくさずに
② 平然として
③ いつもどおりに
④ わかりやすく明快に
⑤ どこまでも堂々と

□123 彼女はただあさっての方向の返事を繰り返すばかりだった。

(ウ) あさっての方向の 123
① その場に関係のない
② どことなく自分勝手な
③ 展開が思いがけない
④ ことさらにわざとらしい
⑤ その場しのぎでいいかげんな

解答

121 ① ② ❸ ④ ⑤
122 ❶ ② ③ ④ ⑤
123 ❶ ② ③ ④ ⑤

121「垢抜《あかぬ》け」＝垢抜《あかぬ》ける・洗練されていること。
⑤の「目立った」は間違い。

122「あけすけ」は元来「明け空《す》け」。「―な人」などとも使う。

123「明後日《あさって》」は「明日の次の日」なので、今日《きょう》とは直接に関係がないという意味をもつ。
「あさっての方を向く(＝見当違いの方向を向く)」も重要。

問　(ア)〜(ウ)の例文における意味として最も適当なものを、①〜⑤のうちから選べ。

□124 ベリー類をぜいたくにあしらったチーズケーキ。

(ア) あしらった 124
① もてなした
② 組み合わせた
③ 適当に扱った
④ とって付けた
⑤ 見せびらかした

□125 君があたふたしている姿を見るのが好きなんだ。

(イ) あたふたしている 125
① 行き当たりばったりでうろうろしている
② あわててしまってばたばたしている
③ 気が動転して自分を見失っている
④ 気分を害してやる気をなくしている
⑤ びっくりして何もできないでいる

□126 僕達はもうあたりさわりのないやりとりしかできない。

(ウ) あたりさわりのない 126
① 相手に反論されないような周到な
② 相手を刺激しないような穏当な
③ 相手を怒らせないような一般的な
④ 相手の機嫌をそこねないような従順な
⑤ 相手の気をひかないような平凡な

解答

124 ① ❷ ③ ④ ⑤
125 ① ❷ ③ ④ ⑤
126 ① ❷ ③ ④ ⑤

124「あしらう」＝（いい加減に）扱う・組み合わせる。
④「とって付けた」＝「無理に後から付け加えたように、わざとらしく不自然な」なので間違い。

125「あたふた」＝あわてふためくこと。
「ふためく」＝ばたばた音を立てる。騒ぎ立てる。
③は「自分を見失っている」が間違い。

126「当《あ》たり障《さわ》り」＝さしさわり。影響。
③は「怒らせないような」「一般的な」という限定が間違い。傍線部から連想した結果のイメージで選ばないように注意。

問　(ア)〜(ウ)の例文における意味として最も適当なものを、①〜⑤のうちから選べ。

□127 手続きは呆気《あっけ》なく済んだ。

(ア) 呆気《あっけ》なく済《す》んだ　127

① 思いがけず急停止した
② はかない夢のまま止まった
③ 意外に早く終わった
④ うっとりしているうちに終了した
⑤ 驚いている間に停止した

□128 今夜に備え装備品をあがなっておく。

(イ) あがなって　128

① 借用して
② もらい受けて
③ 選んで
④ 買い求めて
⑤ 注文して

□129 案の定リバウンドしたか。

(ウ) 案《あん》の定《じょう》　129

① 言われたように
② 考える間もなく
③ 予想に反して
④ 思ったとおり
⑤ 必然的に

解答

127 ① ② **③** ④ ⑤
128 ① ② ③ **④** ⑤
129 ① ② ③ **④** ⑤

127「呆気ない」＝飽く気がない＝飽く気がしない＝物足らない。
「済む」＝終わる。

128「購《あがな》う」＝買い求める。
「贖《あがな》う」＝金品を差し出して罪をまぬがれる。つぐないをする。

129 傍線部との置き換えで選ばないように。また、「定」という漢字一字のイメージで⑤にしないように注意。
「案に違《たが》わず（＝かねて予想したとおり）」も重要。

問 (ア)〜(ウ)の例文における意味として最も適当なものを、①〜⑤のうちから選べ。

□130 動揺を押し隠し、気丈《きじょう》にふるまう姿がいじらしくなった。

(ア) いじらしくなった 130

① はかなげで、あわれに思えた
② あどけなく、危うげに思えた
③ 大げさで、わざとらしく思えた
④ ほほえましく、かわいく思えた
⑤ 痛々しく、けなげに思えた

□131 電話を切るなりいそいそとして明日の準備にとりかかる。

(イ) いそいそとして 131

① 休むことなく一所懸命な姿で
② 自信にあふれ積極的な姿勢で
③ こだわりなく親しげな調子で
④ 機嫌よくおおらかな態度で
⑤ うきうきと弾むような様子で

□132 あんなに居丈高だった彼の見る影もなかった。

(ウ) 居丈高《いたけだか》だった 132

① 居ずまいを正した風だった
② 落ち着きはらった様子だった
③ かんだかい声の調子だった
④ 威圧するような感じだった
⑤ 得意がっている物言いだった

解答

130 ① ② ③ ④ **⑤**

131 ① ② ③ ④ **⑤**

132 ① ② ③ **④** ⑤

130「いじらしい」＝か弱い者が懸命である様子に心打たれる。
④はそれを踏まえていない単なる⊕イメージなので間違い。①の「はかなげ」、②の「あどけなく(＝無邪気に)」も間違い。

131「いそいそ」＝心が急ぐ・嬉しくて動作が弾んでいる様子。
傍線部との置き換えで①・④を選ばないように注意。「こそこそ(＝内密に。そっと)」も重要。

132「居丈高」＝威圧するような態度を取ること。
傍線部との置き換えで②・⑤を選ばないように注意。

問　(ア)～(ウ)の例文における意味として最も適当なものを、①～⑤のうちから選べ。

□133 そう徒《いたず》らに走るなって。

(ア) 徒《いたず》らに 133

① 何のかいもなく
② 瞬間的な感じで
③ 原因不明のままに
④ いたたまれないで
⑤ することもなく

□134 窓からは一望千里のなだらかな丘に羊がもこもこ居るのが見えた。

(イ) 一望千里《いちぼうせんり》 134

① 予想をはるかに上回っていること
② 期待していた以上にすばらしいこと
③ 一瞬気が遠くなるように広がっていること
④ ひと目で遠くまで見渡せること
⑤ 見ればすぐにはっきりわかること

□135 あの日から陰々とした気持ちが私の胸を支配している。

(ウ) 陰々《いんいん》とした 135

① ぼんやりとしてうっとうしい
② 憂いをたたえてはかなげな
③ かげりを帯びてさむざむとした
④ しみじみとしてさびしい
⑤ 悲しげにひっそりとした

解答

133 **❶** ② ③ ④ ⑤　134 ① ② ③ **❹** ⑤　135 ① ② **❸** ④ ⑤

133「徒《いたず》らに」＝無駄《むだ》に＝何のかいもなく。「徒然《つれづれ》に」＝「することもなくさびしく。退屈で」と間違えて、⑤を選ばないように注意。

134 ⑤の「見ればすぐにはっきりわかること」＝「一目瞭然《いちもくりょうぜん》」。「一《いち》」で始まる四字熟語「一期一会《ごいちえ》(＝一生にただ一度会う機会)」「一朝一夕《いっちょういっせき》(＝わずかの時間)」も重要。

135「陰」は元来「日陰」の意味で、「陰々」＝「薄暗くてものさびしい。陰気な様子」。④は「しみじみ」が⊕イメージなので間違い。「面々《めんめん》(＝めいめい。一人一人)」「綿々《めんめん》(＝どこまでも続く様子)」も重要。

問　(ア)〜(ウ)の例文における意味として最も適当なものを、①〜⑤のうちから選べ。

□136 一向に進まない時計をうつろに眺めた。

(ア) うつろに　136

① 恨みの思いを眼差《まなざ》しにこめて
② おろおろとうろたえながら
③ 注意深く目をそらさずにじっと
④ ぼんやりと何も考えられずに
⑤ むなしい気持ちを隠しきれずに

□137 いいことも悪いこともうやむやになって、でもそれでよかった。

(イ) うやむやになって　137

① 無意味なものに変わって
② 食い違ってしまって
③ あいまいなまま終わって
④ もつれてしまって
⑤ 気まずい方向に行って

□138 おごそかに誓うとかムリ、俺絶対笑っちゃうよ。

(ウ) おごそかに　138

① 深刻な雰囲気で
② 軽快な雰囲気で
③ 優艶な雰囲気で
④ 厳粛な雰囲気で
⑤ 気丈な雰囲気で

解答

136 ① ② ③ **④** ⑤
137 ① ② **③** ④ ⑤
138 ① ② ③ **④** ⑤

136「空《うつ》ろ・虚《うつ》ろ」＝中が空《から》で何もない。気が抜けてぼんやりしている。むなしい。

137「有耶無耶《うやむや》」＝「有るのか無いのかはっきりしない」から、「あいまいなまま」の意味となる。

138「厳《おごそ》か(＝いかめしくて近づきにくい。威厳がある)」から考える。
「厳」という字は「厳《きび》しい」「厳《げん》に(＝厳しく)」「厳密《げんみつ》(＝細かい点まで厳しい)」「荘《そう》厳《ごん》(＝威厳があって気高い様子)」など他の読み方にも注意。

③状況・様子

問　(ア)～(ウ)の例文における意味として最も適当なものを、①～⑤のうちから選べ。

□139　教授の本はおしなべて高い。

(ア)　おしなべて　139

① ぼかして
② 推し量って
③ 隠して
④ 総じて
⑤ ひらたく言って

□140　お体裁に言われるお礼でも嬉しかったんだ。

(イ)　お体裁《ていさい》に　140

① 人聞きばかり気にして
② ほんの形だけつくろって
③ おわびのしるしとして
④ 見かけ倒しのごまかしで
⑤ 心配ないようにはからって

□141　コピペでそれらしく仕上げるのはお手のものでしょ。

(ウ)　お手のもの　141

① 見通しをつけていること
② 腕がよいこと
③ 得意としていること
④ ぬかりがないこと
⑤ 安易にできそうなこと

解答

139　①　②　③　**④**　⑤
140　①　**②**　③　④　⑤
141　①　②　**③**　④　⑤

139「押し並べて」という漢字から考える。②＝「推量して」。⑤の「ひらたく」＝わかりやすく。

140「体裁」＝見かけ。外観。一定の形式。「体裁ぶる（＝もったいぶる）」「体裁を成す（＝それらしい様子になる）」「不《ふ》体裁（＝体裁・格好・外聞が悪い）」も重要。

141 元来は、手に入ったものという意味。また、「手に余る（＝能力を超えている）」という言葉があるように、「手」には「能力」という意味がある。

問　(ア)〜(ウ)の例文における意味として最も適当なものを、①〜⑤のうちから選べ。

□142 その後何の音沙汰もなく、俺達は終わったのだと思っていた。

(ア) 音沙汰《おとさた》もなく　142

① 連絡してくる気配もなく
② 無事だと告げる便りもなく
③ 免除を依頼する手紙もなく
④ 指示を求める様子もなく
⑤ 非礼をわびる返事もなく

□143 テキトーにお鉢を回されて俺は怒り心頭だ。

(イ) お鉢《はち》を回されて　143

① 有り難くない順番を押しつけられて
② 身勝手な言い分にだまされて
③ 意味もなくむやみに振り回されて
④ 笑い者になるのを強いられて
⑤ 相手のやりたい放題になぶられて

□144 彼はおもむろに脚を組みかえた。

(ウ) おもむろに　144

① 力強く
② ゆっくりと
③ 重々しく
④ とつぜん
⑤ 優しく

解答

142 ❶ ② ③ ④ ⑤
143 ❶ ② ③ ④ ⑤
144 ① ❷ ③ ④ ⑤

142「音沙汰」＝音信。便り。「無《ぶ》沙汰（＝久しく便りや訪問をしない）」「沙汰の限り（＝常識外。論外）」「沙汰の外《ほか》（＝話にならない。論外）」も重要。

143「お鉢」＝おひつ。飯《めし》びつ。「お鉢が回る」＝順番が回ってくる（望んでいたことでも有り難くないことでも両方に使う）。

144「徐《おもむろ》に」＝徐々に。ゆっくりと。ゆるやかに。④で間違い易い。「とつぜん」＝「出し抜けに」なので注意。

問 (ア)〜(ウ)の例文における意味として最も適当なものを、①〜⑤のうちから選べ。

□145 あのコのかいがいしさは演出されたものだって気づけないのね。

(ア) かいがいしさ 145
① やさしくてかわいらしく振舞う様子
② 懸命につとめるけなげな様子
③ 吹っ切れたように晴れ晴れした様子
④ 細かく気遣って世話を焼く様子
⑤ 突っかかるようにとげとげしい様子

□146 彼の表現はひとつひとつ諧謔《かいぎゃく》に富んでいた。

(イ) 諧謔《かいぎゃく》に富んでいた 146
① 皮肉たっぷりだった
② 洒落《しゃれ》が効いていた
③ 残酷さに満ちていた
④ 諷刺《ふうし》がきつかった
⑤ 批評性が豊かだった

□147 俺は自分から勝手のいい男になったんだ。

(ウ) 勝手のいい 147
① 好きに生きる
② 相手の機嫌を取る
③ 出まかせを言う
④ 便利で都合のいい
⑤ 人聞きの悪い

解答

145 ① **②** ③ ④ ⑤ 146 ① **②** ③ ④ ⑤ 147 ① ② ③ **④** ⑤

145 古語では「かひがひし(＝いかにも効果がある)」。「かい」＝効果。「―がある」。「かいがいしさ」もいかにも効果がある様子に使う。傍線部との置き換えで①を選ばないように注意。「かいがいしく世話を焼く」という表現はあるが、「かいがいしさ」に「世話を焼く」という意味はないため④は間違い。

146 「諧」「謔」＝たわむれ。「諧謔」＝「気の利いた冗談」で、「―を弄《ろう》する」などと使う。④「風(諷)刺」＝遠回しに批判・嘲笑《ちょうしょう》する。

147 「勝手」＝様子。台所。便利。都合。家計。「勝手がましい(＝いかにも自分勝手でわがままであるような)」も重要で「―お願いで恐縮です」などと使う。

問　(ア)～(ウ)の例文における意味として最も適当なものを、①～⑤のうちから選べ。

□148　なぜ君は奇異な目をして俺を見るんだい。

(ア)　奇異な目　148

① 嫌な気持ちで腹立たしく思うさま
② 奇妙なものに驚きとまどう様子
③ 見慣れないものに関心をよせるそぶり
④ めずらしいものを見つけて喜ぶような表情
⑤ さげすんでひややかに見下すような態度

□149　同じキャラが隊列を組んで興じ合う。

(イ)　興じ合う　149

① 互いに面白がる
② 負けまいと競う
③ それぞれが興奮する
④ わけもなくふざける
⑤ 相手とともに練習する

□150　病室の入り口で凝然と立ち尽くした。

(ウ)　凝然と　150

① ぐったりと
② ひっそりと
③ じっと動きもなく
④ 元気なく沈んで
⑤ ぼんやりと

解答

148　① **②** ③ ④ ⑤
149　**①** ② ③ ④ ⑤
150　① ② **③** ④ ⑤

148「奇異」＝普通と異なって奇妙なこと。③の「関心をよせる」、④の「喜ぶ」は間違い。

149「興じる・興ずる・興に入《い》る」＝面白がる。「―合う」＝互いに・一緒に・同時に―する。「一興《いっきょう》（＝風変りで面白味があること）」も重要。

150「凝」＝こりかたまる。傍線部との置き換えで④を選ばないように注意。④「元気なく沈んで」＝「意気消沈」。

問　(ア)〜(ウ)の例文における意味として最も適当なものを、①〜⑤のうちから選べ。

□151 彼女の表情は悲しみに隈取《くまど》られていた。

(ア) 隈取《くまど》られていた　151

① ゆがめられていた
② いろどられていた
③ とらわれていた
④ かき消されていた
⑤ 取り乱されていた

□152 居場所もわからないんじゃ雲を摑《つか》むようなものだな。

(イ) 雲を摑《つか》む　152

① 不明瞭で、とらえどころのない
② 不安定で、頼りにならない
③ 非常識で、気恥ずかしい
④ 非現実的で、ありそうにない
⑤ 非合理的で、ばかばかしい

□153 その日もマンションの非常ベルがけたたましく鳴った。

(ウ) けたたましく　153

① 畏れを感じさせる重々しい音で
② 神経に障るやかましい音で
③ 期待を誘う高らかな音で
④ 許せないほどの騒々しい音で
⑤ 場違いな感じの奇妙な音で

解答

151 ① ❷ ③ ④ ⑤　152 ❶ ② ③ ④ ⑤　153 ① ❷ ③ ④ ⑤

151「隈取る」＝顔をいろどる。境目をぼかす。「段取る（＝手順を整える）」「相手取る（＝争いの相手とする）」も重要。

152「雲」は様々なもののたとえとなる語。「一面にたなびいているもの・高い場所・高い階級」なども示すが、ここでは「確かでないこと」のたとえ。「雲を霞《かすみ》と（＝一目散に逃げて姿をくらませる）」も重要。

153「けたたましい」＝驚かすほど慌《あわ》ただしい。やかましい。

問 (ア)〜(ウ)の例文における意味として最も適当なものを、①〜⑤のうちから選べ。

□154 街の喧噪《けんそう》を背負ってひとりあてどなく歩く。

(ア) 喧噪《けんそう》 154

① わずらわしさ
② やかましさ
③ はなやかさ
④ 混雑
⑤ 混乱

□155 彼女が衣装を付けるやいなや、神々しい空気が辺りを包んだ。

(イ) 神々《こうごう》しい 155

① 華やかさに満ちた
② 近より難い
③ 威厳の備わった
④ あまりに趣の深い
⑤ 厳かで尊い

□156 狼狽《ろうばい》する僕の前に、白い一本の道が煌々《こうこう》と照らし出されていた。

(ウ) 煌々《こうこう》と 156

① 派手できらびやかに
② 長く列をなして
③ 広い範囲にわたり
④ ぼんやり薄暗く
⑤ たいへん明るく

解答

154 ① **②** ③ ④ ⑤　155 ① ② ③ ④ **⑤**　156 ① ② ③ ④ **⑤**

154「喧噪」は「喧騒」とも書く。したがって、「喧《かまびす》(しい)」と「騒《さわ》(がしい)」の合わさった熟語。

155 ②は傍線部のもつ⊕イメージがないので間違い。「華々《はなばな》しい(=華やかで見事だ)」「痛々しい(=気の毒で見ていられない)」「馴《な》れ馴《な》れしい(=失礼なほど親しそうにする)」も重要。

156「煌々」=きらきらと光り輝く様子。
①の「派手で」は間違い。「得々《とくとく》と(=いかにも得意そうに)」「沸々《ふつふつ》と(=激しく・盛んにわき上がって)」「鬱々《うつうつ》と(=心がふさいで晴れず)」「繁々《しげしげ》と(=度々《たびたび》・目をこらして)」も重要。

問　(ア)〜(ウ)の例文における意味として最も適当なものを、①〜⑤のうちから選べ。

□157 角を曲がったとたん勾配が急になり、噴煙が目に飛び込んできた。

(ア) 勾配《こうばい》が急になり 157

① 斜面の傾きがきつくなり
② 道の曲折がはなはだしくなり
③ 地面の起伏が激しくなり
④ 風の勢いが強くなり
⑤ 人の気配が希薄になり

□158 彼は心得顔でうなずいた。

(イ) 心得顔《こころえがお》 158

① 何かたくらんでいそうな顔つき
② 扱いなれているという顔つき
③ いかにも善良そうな顔つき
④ 事情を分かっているという顔つき
⑤ 何となく意味ありげな顔つき

□159 有識者はこぞって反対しているのに、議会はその法案を可決した。

(ウ) こぞって 159

① 断固として
② 危惧して
③ 団結して
④ 心配して
⑤ 口をそろえて

解答

157 **①** ② ③ ④ ⑤
158 ① ② ③ **④** ⑤
159 ① ② ③ ④ **⑤**

157「勾配」＝傾きの度合い。「勾配が早い（＝勾配が急である。判断がすばやい。機転が利く）」も重要。
対 勾配がぬるい

158「心得顔」＝「心得たという顔つき」から考える。「したり顔（＝してやったという得意そうな顔つき）」も重要。

159「挙《こぞ》って」＝「全員挙《あ》げて。ことごとく皆」から考える。⑤の「口を揃《そろ》えて」＝別の人が皆同じ事を言って。

問 (ア)～(ウ)の例文における意味として最も適当なものを、①～⑤のうちから選べ。

□160 彼女は忽然《こつぜん》として僕の前から姿を消した。

(ア) 忽然《こつぜん》として [160]

① にわかに
② 完全に
③ はっきり
④ 自然と
⑤ しだいに

□161 そのとき彼女が小鼻をうごめかしたのを見逃さなかった。

(イ) 小鼻をうごめかした [161]

① 腹立たしそうにした
② うれしそうにした
③ 照れくさそうにした
④ 得意そうにした
⑤ 気まずそうにした

□162 彼女らしい病室のような殺風景な部屋。

(ウ) 殺風景《さっぷうけい》な [162]

① 人間味のない
② 恐ろしげな
③ 面白みのない
④ 冷え冷えとした
⑤ 感心できない

解答

160 ❶ ② ③ ④ ⑤
161 ① ② ③ ❹ ⑤
162 ① ② ❸ ④ ⑤

160「忽然」＝忽《たちま》ち。にわか。突然。「卒然《そつぜん》・率然《そつぜん》（＝突然。あわてる様子）」も重要。

161 得意になって小鼻がうごめくということ。「小鼻をふくらます（＝不満そうな様子を見せる）」「小鼻が落ちる（＝死に近づいて衰弱し肉が落ちる）」も重要。

162「殺風景」＝風雅な趣や面白みに欠ける。ここでの「風」は「風雅」のことなので、①の「人間味」は無関係。

問　(ア)～(ウ)の例文における意味として最も適当なものを、①～⑤のうちから選べ。

□163　しかるべき時がきたら告白するよ。

(ア)　しかるべき［163］
① 探していたものに手が届く
② 思い切った決断が必要となる
③ 行動に移すのに絶好の
④ 思わぬ幸運に恵まれる
⑤ 期待した結果が出て当然の

□164　彼はしきりにスマホを気にしていた。

(イ)　しきりに［164］
① 何度も
② 熱心に
③ こわごわと
④ まっさきに
⑤ 深刻そうに

□165　今日は時雨がありそうだね。

(ウ)　時雨《しぐれ》［165］
① 春の、特に若芽の出る頃、静かに降る細かい雨
② 昼すぎから夕方にかけて、急に曇ってきて激しく降る大粒の雨
③ 一しきり強く降ってくる雨
④ 秋の末から冬の初め頃に、降ったりやんだりする雨
⑤ みぞれに近い、きわめて冷たい雨

解答

163　①　②　**③**　④　⑤
164　**①**　②　③　④　⑤
165　①　②　③　**④**　⑤

163「～がきたら」という文脈を踏まえて、「然《しか》る可《べ》き」＝「当然の。絶好の」の意味のものを選ぶ。ただし「適当な。ふさわしい」の意味もあるので注意。
⑤は文脈に合わない。

164「頻《しき》り」＝「頻繁《ひんぱん》」＝引き続いて。引っ切りなしに。
②「熱心に」＝「ひたむきに」。

165 語源は「過《す》ぐる」で、通り雨のこと。「袖の時雨（＝涙を流して泣く様子）」「蝉時雨（＝たくさんの蝉が盛んに鳴いたり鳴きやんだりすること）」。①＝「春雨《はるさめ》」。②＝「夕立ち」。③＝「俄雨《にわかあめ》」。⑤＝「氷雨《ひさめ》」。

問　(ア)～(ウ)の例文における意味として最も適当なものを、①～⑤のうちから選べ。

□166 世界はしっとりとした沈黙に包まれた。

(ア) しっとりとした 166
① しみじみとしていて心うたれる
② さびしくて心静かな
③ 上品で味わいの深い
④ ひっそりと静まりかえった
⑤ 落ち着いていい感じの

□167 灼熱《しゃくねつ》の地獄に落ちるがいい、と閻魔《えんま》さまは本当に嬉しそうだった。

(イ) 灼熱《しゃくねつ》の 167
① 倒れるほどに熱い
② 痛いほどに熱い
③ 燃えるように熱い
④ 狂おしいほどに熱い
⑤ 焼けつくほどに熱い

□168 首尾よくいったら餃子《ぎょうざ》の王将で祝杯あげようぜ。

(ウ) 首尾よく 168
① うまいぐあいに事が運んで
② 目指した道を突き進んで
③ 最後の最後で巻き返して
④ 要領よく課題をこなして
⑤ 約束どおりに努力を重ねて

解答

166 ① ② ③ ④ ❺ 167 ① ② ③ ④ ❺ 168 ❶ ② ③ ④ ⑤

166「しっとり」＝湿る程度に水分を含んでいる。落ち着いて風情がある。
②は「しんみりとした」で間違い。④の「静まりかえった」＝「沈黙」なので間違い。

167「灼」＝焼く。
「灼熱の恋♪」などと言うときは「勢いが激しい」の意味。

168「首尾」＝初めと終わり。事の成り行き。
「首尾一貫(＝初めから終わりまで一つの方針・態度で貫かれている)」も重要。
④の「要領よく」「課題」は間違い。「よく」だけで判断しないように。

問　(ア)〜(ウ)の例文における意味として最も適当なものを、①〜⑤のうちから選べ。

□169 小康状態を保っていますから、どうかご心配なく。

(ア) 小康 169
① 病状が一進一退をくり返していること
② 病状がやや持ち直して安定すること
③ 病気が何の跡形も残さず消え去ること
④ 病勢がよくなって生活に支障がなくなること
⑤ 病気が一定の状態を維持し続けること

□170 叔母は憔悴《しょうすい》しきった様子でうなだれていた。

(イ) 憔悴《しょうすい》しきった 170
① 疲労しきってしまった
② すべてをあきらめた
③ 気力をそがれた
④ すっかりやつれ果てた
⑤ ひどく落ち込んだ

□171 所在なくて老人ホームの広告を何度も読んでいた。

(ウ) 所在なくて 171
① 言いだせないままに
② 理由もないままに
③ 不愉快な気分のままに
④ 身の置き場もないままに
⑤ 手もちぶさたなままに

解答

169 ① ❷ ③ ④ ⑤　170 ① ② ③ ❹ ⑤　171 ① ② ③ ④ ❺

169「小康（状態）」＝悪い状態を脱して少し良くなりかけて何とかおさまっている。「病気」「戦乱」について言う。④の「よくなって」は明らかな⊕イメージで間違いだが、また逆に⑤は⊕イメージがないので間違い。「ーを保つ」などとも使う。

170「憔」「悴」も「やつれる」の意味。①＝「困憊《こんぱい》」。③＝「阻《そ》（沮《そ》）喪《そう》」。

171 ②は⊖イメージがないので間違い。

④の「身の置き場もない」＝「身の置き所がない」＝その場に居づらい。

「所在無い」こと＝「手持ち無沙汰《ぶさた》」＝することがなくて退屈であること。

問　(ア)〜(ウ)の例文における意味として最も適当なものを、①〜⑤のうちから選べ。

□172　尋常な量ではない液体が出た。

(ア)　尋常な　[172]

① 特別な
② 異常な
③ ごく普通の
④ 予想通りの
⑤ 道理にかなった

□173　あなたの説明はすっと喉をとおりにくいと言わざるをえない。

(イ)　すっと喉をとおりにくい　[173]

① きれいに片づかない
② 正しく説明できない
③ うまく納得できない
④ 上手に対応できない
⑤ とても認められない

□174　僕にはなすすべもない。

(ウ)　すべもない　[174]

① 方法もない
② 理由もない
③ 義理もない
④ 責任もない
⑤ 義務もない

解答

172　① ② **❸** ④ ⑤　173　① ② **❸** ④ ⑤　174　**❶** ② ③ ④ ⑤

172 否定形で使われることが多いが、「尋常ではない」＝「異常」なので、うっかり②を選ばないように。

173「すっと」＝細長いものが真っ直ぐ伸びている・軽やかに音もなく素早く動く・すっきりする様子。

174「術《すべ》」＝手段。方法。手立て。「にべも無い（＝あいそがなくて取りつきようがない）」も重要。

問　(ア)～(ウ)の例文における意味として最も適当なものを、①～⑤のうちから選べ。

□175 彼は精彩があって、よくもてていた。

(ア) 精彩があって 175

① 生き生きとした意気や精神が感じられて
② はなばなしい所作や行為をともなって
③ いろどりのある発言や仕草があって
④ きっぱりとした意志や態度のうえに
⑤ 情熱的な表情や言動とともに

□176 俺がふられるとか青天の霹靂《へきれき》なんだけど。

(イ) 青天の霹靂《へきれき》 176

① 平穏な心境を覆す悲しい出来事
② なすすべもない運命的な出来事
③ 優位な立場が崩れる契機となる出来事
④ 思いもしなかった衝撃的な出来事
⑤ 信頼を裏切られたような憎むべき出来事

□177 再会した彼女は、あまりにも世間ずれしていた。

(ウ) 世間ずれして 177

① 世間のことにうとくなって
② 世間で苦労してずる賢くなって
③ 世間の考え方から外れて
④ 世間体を気にするようになって
⑤ 世間に出るのを避けようとして

解答

175 ❶ ② ③ ④ ⑤　176 ① ② ③ ❹ ⑤　177 ① ❷ ③ ④ ⑤

175「精(生)彩」は元来「美しい彩《いろどり》。光彩。つや」。様子・表情に使うので、②の「所作(＝身のこなし・しぐさ)や行為」は間違い。④の「きっぱりとした」も間違い。「精彩を放つ」「精彩を欠く」などとも使う。

176 元来は「青く晴れた空に突然に起こる雷」の意味。「青天白日(＝青く晴れ渡った日和。心にやましいことがない・無罪が明らかになること)」も重要。

177「ずれ」は「ずれる」ではなく「擦《す》れる」の「すれ」の濁音化。「世間ずれ」＝世間で擦れること。文化庁の国語世論調査では半数以上の人が③としている。百年後には意味が変わるかもしれないが、今は間違いなので注意。

問 (ア)～(ウ)の例文における意味として最も適当なものを、①～⑤のうちから選べ。

□178 瀬戸ぎわになってじたばたしてもむだよ。

(ア) 瀬戸ぎわになって 178

① 孤立感にさいなまれて
② 可能性を閉ざされて
③ 重大な分かれ目に立って
④ 危うさに追い詰められて
⑤ 選択を強いられて

□179 是非に及ばない、とつぶやいて彼は一人で部屋を出た。

(イ) 是非に及ばない 179

① 言うまでもない
② 話にもならない
③ 善悪が分からない
④ やむを得ない
⑤ 判断ができない

□180 なぜ俺は千載一遇のチャンスを棒に振ってしまったんだ……。

(ウ) 千載一遇《せんざいいちぐう》 180

① 比肩できるもののない
② 絶対的な美しさをもった
③ 人間の力をはるかに越えた
④ 滅多にめぐり会うことのない
⑤ たまたま出会うことのできた

解答

178 ① ② **③** ④ ⑤　179 ① ② ③ **④** ⑤　180 ① ② ③ **④** ⑤

178「瀬戸」は元来、海の「狭い門」＝海峡のこと。「瀬戸際《ぎわ》」＝海峡と海の境目。運命の分かれ目。「生死の瀬戸際に立つ」などと使う。④＝「窮地に立って」。

179＝「是非もない（＝やむをえない。仕方がない）」「是非」＝良し悪し。①・②で間違う人が多いので注意。

180センサイとは読まない。元来は「千年に一度しかない」という意味。

問　(ア)～(ウ)の例文における意味として最も適当なものを、①～⑤のうちから選べ。

□181 生活を双肩に担っていたのは彼女の方だった。

(ア) 生活を双肩《そうけん》に担《にな》って　181

① 生活の苦労を味わって
② 生活の責任を負って
③ 生活に疲れを見せて
④ 生活を重荷に感じて
⑤ 生活を成り立たせて

□182 そばだつ岩陰で、僕らは運命の夜明けを待った。いや寝てた。

(イ) そばだつ　182

① 風景に隠れてひっそりと立つ
② いくつも重なり並び立つ
③ すぐ目の前まで迫り立つ
④ あちらこちらに点々と立つ
⑤ 周囲より一段と高く立つ

□183 仕事から疲れて帰った時、他愛のないやりとりが有り難かった。

(ウ) 他愛のない　183

① 自分勝手な感じのする
② 他人への思いやりに欠けた
③ なんとも面白みのない
④ どことなく説教じみている
⑤ どうということもないような

解答

181 ①　**②**　③　④　⑤
182 ①　②　③　④　**⑤**
183 ①　②　③　④　**⑤**

181「双肩に担う」は元来「両方の肩で担《かつ》ぐ」で、「責任を負《お》う」の意味。⑤が紛らわしいが、「生活を成り立たせて」いるのは人間の「彼女」だけでなく環境全体なので、間違い。

182「聳《そばだ》つ」＝聳《そび》えて立つ。傍線部との言い換えで決めないように注意。「屹立《きつりつ》(＝山などが高く聳え立つ。人が少しも動かず直立していること)」も重要。

183「他愛のない」＝「他愛ない」＝「たわいない」＝とりとめもない。正体ない。手ごたえがない。ただし「他愛」は当て字なので漢字にとらわれないように注意。

問 (ア)〜(ウ)の例文における意味として最も適当なものを、①〜⑤のうちから選べ。

□184 端的に言うと、私の大事な皿を割ったということだね？

(ア) 端的に 184

① 手短にはっきりと
② 言葉のはしばしから考えて
③ 余すところなく確実に
④ わかりやすく省略して
⑤ あざやかに際立たせて

□185 談論風発おおいに結構、となぜか校長は上機嫌だった。

(イ) 談論風発 185

① 的はずれな論議を互いにかわすさま
② 活発な論議が口をついて出るさま
③ 激しい論議のやりとりをするさま
④ 突然論議を始めたりやめたりするさま
⑤ 挑発的な論議を断続的にするさま

□186 もーちりめん皺《じわ》にファンデーションがたまって困るのよ。

(ウ) ちりめん皺《じわ》 186

① 細かな皺
② 真っすぐな皺
③ かすかにうねった皺
④ 黒ずんだ皺
⑤ 周囲に広がる皺

解答

184 ❶ ② ③ ④ ⑤

185 ① ❷ ③ ④ ⑤

186 ❶ ② ③ ④ ⑤

184「単的」と書かないように。「端」は(1)「はし（先端・極端など）」(2)「ただしい（端正・端麗・端的など）」(3)「はじまり（端緒・発端・端を開く・端を発するなど）」の意味で使う。

185「風発」＝「風が起こるように言葉を発すること」で、③のような「激しい」という内容上のことを言うのではないし、また「やりとり」のことでもない。

186「ちりめん」は絹織物の一種で、表面に細かな皺がある。
「暗黒面《あんこくめん》（＝物事の暗い面。悲惨で醜悪な面）」も重要。

問 (ア)〜(ウ)の例文における意味として最も適当なものを、①〜⑤のうちから選べ。

□187 店員は俺の服装をつくづくと眺め、それから口を開いた。

(ア) つくづくと 187

① 興味を持ってぶしつけに
② ゆっくりと物静かに
③ 見くだすようにじろじろと
④ 注意深くじっくりと
⑤ なんとなくいぶかしげに

□188 彼女への行為が償われなくたってそんなの全く構わない。

(イ) 償《つぐな》われなくたって 188

① 努力に見合う満足感が得られなくても
② 支出に見合う収入が得られなくても
③ 犠牲に見合う感謝が得られなくても
④ 意気込みに見合う答えが得られなくても
⑤ 苦労に見合う成果が得られなくても

□189 拝啓、桜の咲く頃となりましたが、恙《つつが》なくお過ごしでしょうか。

(ウ) 恙《つつが》なく 189

① 変わりなく無事で
② 休んでも差しつかえなく
③ 働かずにゆっくりして
④ 別れを惜しんで
⑤ 美しくきれいなままで

解答

187 ① ② ③ ❹ ⑤
188 ① ② ③ ④ ❺
189 ❶ ② ③ ④ ⑤

187 ③の「見くだす」は間違い。⑤の「訝《いぶか》しげに」＝「不審そうに。疑わしげに」は間違い。「さくさくと（＝小気味よく）」も重要。

188「償う」＝「埋め合わせする」なので、①の「満足感」、③の「感謝」は間違い。

189「恙無く」と書き、「恙」＝災難。「遺憾《いかん》なく（＝十分に。申し分なく）」「否応《いやおう》なく（＝無理矢理に）」も重要。

問　(ア)～(ウ)の例文における意味として最も適当なものを、①～⑤のうちから選べ。

□190　つつましかったあの頃の私はもうどこかへ消えてしまった。

(ア)　つつましかった　190

① 冷静であった
② 堅実であった
③ 控えめであった
④ 貧相であった
⑤ 物静かであった

□191　お前の悪口をつらつら語ってくるわ。

(イ)　つらつら　191

① つくづく
② しばしば
③ 突然に
④ くりかえし
⑤ 夢のように

□192　開校一ヶ月がたち、ようやく教室の体裁をなしてきた。

(ウ)　体裁《ていさい》をなして　192

① 準備がようやく済んで
② 異なった感じとなって
③ 立派な様子となって
④ いったん雑然として
⑤ それらしい様子になって

解答

190　①　②　**③**　④　⑤
191　**①**　②　③　④　⑤
192　①　②　③　④　**⑤**

190「つつましい」は元来「感情などを内につつんでおく様子」のことで、「控えめである様子」という意味。⑤の「物静か」＝「何となく静かな・落ち着いて穏やかな様子」で間違い。

191「つらつら」には「滑々《つらつら》(＝つるつる・滑《なめ》らかに)」と「熟々《つらつら》(＝つくづく・念入りに)」の二種類がある。④＝「くどくど」。

192「体裁」＝見かけ。外観。一定の形式。「成《な》す」＝やりとげる。完成させる。「不体裁《ふていさい》(＝体裁・格好・外聞が悪い)」も重要。

③状況・様子

問　(ア)〜(ウ)の例文における意味として最も適当なものを、①〜⑤のうちから選べ。

□193 家元手ずから生けた花。

(ア) 手ずから 193

① 手間暇をかけて
② 手の空いた折に
③ 人の手を介して
④ 直接自分の手で
⑤ 手腕を発揮して

□194 この演奏のクオリティは手すさびってレベルじゃねーぞ。

(イ) 手すさび 194

① 思いがけず出てしまう無意識の癖
② 多くの労力を必要とする創作
③ いつ役に立つとも知れない訓練
④ 必要に迫られたものではない遊び
⑤ 犠牲に見合うとは思えない見返り

□195 こっちが自滅するのを手をこまねいているんだ、ちくしょう。

(ウ) 手をこまねいている 195

① 拒否しようともしないでいる
② 少し招き寄せている
③ 自分で意識もしている
④ 何もしないでただ見ている
⑤ 気を遣わずにいる

解答

193 ⑤ **④** ③ ② ①　(正解 ④)
194 ⑤ **④** ③ ② ①　(正解 ④)
195 ⑤ **④** ③ ② ①　(正解 ④)

193「〜ずから」には「自ら《みずか》(=身ずから=自分自身から)」という言葉もある。

194「手遊び《てすさ》」=「手慰み」=慰みに手先でもて遊ぶこと。

195「拱く《こまね》」=腕組みをする。何もしないでいる。
「手を切る(=縁を切る。関係を絶つ)」「手を打つ(=合意する。対策を講じる)」「手を焼く(=もてあます。てこずる)」も重要。

問　(ア)～(ウ)の例文における意味として最も適当なものを、①～⑤のうちから選べ。

□196 手を束《つか》ねているうちに、世界は凍りついてしまった。

(ア) 手を束《つか》ねている 196

① 腕を組んでゆったりしている
② どうしたらいいかととまどっている
③ 我を失ってぼうっとしている
④ 何もできないままでいる
⑤ 焦るばかりで集中できないでいる

□197 お前、俺の話、てんから本気にしちゃいないだろ。

(イ) てんから 197

① その場の雰囲気から
② 聞いてる途中から
③ 心の底から
④ 話のはじめから
⑤ 言葉のやり取りから

□198 唐突な話題転換に違和感を覚えずにいられなかった。

(ウ) 唐突《とうとつ》な 198

① 悲痛な
② 不意の
③ 早口の
④ 過去の
⑤ 奇妙な

解答

196 ① ② ③ ❹ ⑤　197 ① ② ③ ❹ ⑤　198 ① ❷ ③ ④ ⑤

196「束ねる」＝束《たば》ねる。腕組みをする。「手を束ねる」＝「手を拱《こまね》く」＝どうすることもできずに傍観する。
②＝「当惑」。

197「天から」が語源で、打消し・否定的な意味の言葉を伴う。
③＝「心《しん》から」。
「頭から(＝初めから)」「端《はな》から(＝物事の初めから)」も重要。

198「唐突」＝突然すぎて不自然な様子。

問 (ア)～(ウ)の例文における意味として最も適当なものを、①～⑤のうちから選べ。

□199 ある意味で、徒食していたあの時代が俺の宝かも。

(ア) 徒食《としょく》していた 199

① 他人の世話になっていた
② 無駄な努力を繰り返していた
③ あちこちに旅をしていた
④ 働かずにぶらぶらしていた
⑤ それなりに楽しく過ごしていた

□200 とっさに右手をかばう。

(イ) とっさに 200

① 偶然に
② すぐさま
③ 思いがけず
④ 機転をきかせ
⑤ 関連して

□201 とんちんかんなやりとりだと思ってるのは俺だけってことか。

(ウ) とんちんかんなやりとり 201

① 一方的に誤解したままでの意思疎通
② 解決の見通しの立たない不毛な議論
③ あまりに役に立ちそうもない情報交換
④ 話の内容が一向にかみ合わない会話
⑤ お互いに自己主張し合うだけの口論

解答

199 ① ② ③ ❹ ⑤
200 ① ❷ ③ ④ ⑤
201 ① ② ③ ❹ ⑤

199「徒」は(1)「仲間(徒党・暴徒など)」(2)「むなしい(徒食・徒労など)」(3)「歩く(徒歩・徒競走など)」(4)「もたない(徒手・徒手空拳(＝手に何ももたず)など)」(5)「弟子(信徒・徒弟など)」など幅広い意味で使われる。「無為《むい》徒食(＝何の仕事もせずぶらぶら遊び暮らす)」も重要。

200 ③＝「思いもよらず」で、思ってもいない事は「とっさ」のこととは限らないので、間違いとなる。

201「とんちんかん」は交互に打つ鍛冶屋の相槌《あいづち》がそろわないことが語源で、「つじつまが合わないこと(をする人)」。

問　(ア)～(ウ)の例文における意味として最も適当なものを、①～⑤のうちから選べ。

□202 昨日から僕の心はどんよりと曇ったままだ。

(ア) どんよりと　202

① 暗くかすむように
② くすんで貧弱に
③ 濁って重苦しく
④ けだるく眠そうに
⑤ 黒々と分厚く

□203 議論が煮詰まると、彼女はそっと俺の手を握って席を立ったのです。

(イ) 煮《に》詰《つ》まる　203

① 結論を詰めずに済ます
② 結論を出せない状態になる
③ 結論を出さずに終わる
④ 結論を出す段階になる
⑤ 結論を出して終わる

□204 あまりの自己中さに二の句が継げずにいた。

(ウ) 二の句が継げず　204

① 次に打つ手が見つからず
② 驚いてことばも出せず
③ 呼びかけに答えられず
④ 沈黙を破ることができず
⑤ どう対処すべきか分からず

解答

202 ① ② **③** ④ ⑤
203 ① ② ③ **④** ⑤
204 ① **②** ③ ④ ⑤

202「雲が低く垂れこめて空が暗い様子」にも使う。

203「煮詰まる」は元来「煮えて水分がなくなる」ことなので、つまり料理が終わる段階に来たことを指す。文化庁の国語世論調査では半数近くの人が②としているので、要注意。

204「句」は言葉の単位で、「二の句」＝次に言い出す言葉のこと。
①＝「二の矢が継げず」。
「二の足を踏む(＝決断がつかず実行をためらう。尻込みする)」も重要。

問　(ア)〜(ウ)の例文における意味として最も適当なものを、①〜⑤のうちから選べ。

□205　教室中の男子が俄《にわ》かに色めきたった。

(ア)　俄《にわ》かに　205

① とつぜん急に
② 予想どおりに
③ 思いに反して
④ ひどく激しく
⑤ 一面にあまねく

□206　のっぴきならない状況に心がもちそうにない。

(イ)　のっぴきならない　206

① 予想もつかない
② どうにもならない
③ 決着のつかない
④ 言い逃れのできない
⑤ 口出しのできない

□207　野放図にふるまう様が逆に色っぽかった。

(ウ)　野放図《のほうず》に　207

① きわめて派手に飾り立てて
② 金銭に都合をつけて
③ 自分の意見を押し通して
④ 気ままで自分勝手に
⑤ まったく反省しないままに

解答

205　❶　②　③　④　⑤
206　①　❷　③　④　⑤
207　①　②　③　❹　⑤

205「俄雨《にわかあめ》（＝とつぜん急に降って急に止む雨）」「俄仕込《にわかじこ》み（＝とつぜん急に仕入れる・覚え込むこと）」も重要。

206「退《の》っ引《ぴ》き」＝よける・退くこと。
傍線部の言葉との置き換えだけで解かないように注意。

207「野放図」＝放っておけばどこまで脱線するかわからない様子。

問　(ア)～(ウ)の例文における意味として最も適当なものを、①～⑤のうちから選べ。

□208 珍客のせいで後片付けのはかは行かず難儀した。

(ア) はかは行かず 208
① 途中でやめて
② あきらめて
③ 手につかず
④ 満足できず
⑤ 順調に進まず

□209 はかばかしい結果が得られなくともかまわんさ。

(イ) はかばかしい 209
① 堅実で危なげがない
② 不安を解消してくれるような
③ お互いに十分納得できる
④ 望ましい方へ進みそうな
⑤ 筋が通っていて説得力のある

□210 晴れがましいことは苦手と言いながら満面の笑み。

(ウ) 晴れがましい 210
① 何の疑いもない
② 人目を気にしている
③ 心の底から喜んでいる
④ 誇らしく堂々としている
⑤ すがすがしい表情である

解答

208 ① ② ③ ④ **⑤**　209 ① ② ③ **④** ⑤　210 ① ② ③ **④** ⑤

208「はかがゆく」＝「はかどる（＝順調に進む）」の否定形。③「手につかず」＝「他に心が奪われているため、身が入らず」で、間違い。

209「はかどる（＝順調に進む）」方向へ進んでいる様子を言う。

210「―がましい」＝「―のきらいがある」＝―らしい。「当て付けがましい（＝相手の気にさわるように他事にかこつけて言ったりしたりするらしい）」も重要。

問 (ア)〜(ウ)の例文における意味として最も適当なものを、①〜⑤のうちから選べ。

□211 ひとしきり商品を見てまわった後、その中のひとつを指さした。

(ア) ひとしきり 211

① 時間をかけてゆっくりと
② しばらくのあいだ盛んに
③ またたく間にそそくさと
④ 区切りのつくまで心して
⑤ ほんの束《つか》の間さりげなく

□212 今ではこの町のひなびた感じがたまらなく好きだ。

(イ) ひなびた 212

① 寂しそうな
② 田舎めいた
③ 風雅な趣をもった
④ のどかな
⑤ 閑散とした

□213 暇にあかせて夏中そのゲームの世界に住んでいた。

(ウ) 暇にあかせて 213

① 忙しい合間のわずかの暇に
② 少しの暇もないのに
③ ちょうど暇になったときに
④ 暇な時間をつくって
⑤ 暇であるのをいいことに

解答

211 ① **❷** ③ ④ ⑤
212 ① **❷** ③ ④ ⑤
213 ① ② ③ ④ **❺**

211「一つのときに頻《しき》りに（＝頻《ひん》繁《ぱん》に）」が語源。「—雨が降った」などというフレーズを考えれば、①の「ゆっくりと」というスピードの説明、③の「そそくさと（＝せかされて慌ただしく）」や④の「心して」という精神状態の説明がふさわしくないと解《わか》る。

212「ひな」＝田舎。傍線部と置き換えで解かない。

213「暇に飽かす」＝暇なのをよいことに飽きるほど十分に時間をかける。

問 (ア)〜(ウ)の例文における意味として最も適当なものを、①〜⑤のうちから選べ。

□ 214 __不意をつかれて__思わず口ごもった。

(ア) 不意をつかれて　[214]

① 突然の事態に困り果てて
② 見込み違いで不快になって
③ 予想していないことに感心して
④ 初めてのことであわてて
⑤ 思いがけないことにびっくりして

□ 215 __不謹慎な__話と決めつけるほうが不謹慎なんじゃねーの。

(イ) 不謹慎な　[215]

① いいかげんな
② ふまじめな
③ 罪の意識のない
④ 良心を欠いた
⑤ 不誠実な

□ 216 引越しを手伝ってくれという要求に__二つ返事で__応じた。

(ウ) 二つ返事で　[216]

① 深く考えずいいかげんに
② あしらうようにすばやく
③ 念を押すように繰り返して
④ ためらうことなくすぐに
⑤ よく考えた上で納得して

解答

214 ① ② ③ ④ **⑤**
215 ① **②** ③ ④ ⑤
216 ① ② ③ **④** ⑤

214「不意の来訪」「不意を打つ」などというフレーズを考えてみれば解《わか》るように、「不意」＝思いがけない(こと)。

215「謹」「慎」＝「慎む」という意味なので、「不謹慎」＝慎まない＝不真面目《ふまじめ》。⑤＝誠実(＝ごまかしがなく良心の命ずるままに行動する様子)でない。

216「二つ返事」＝はい、はい、と二つ重ねて返事をし、すぐに承知すること。文化庁の国語世論調査では、半数近くの人がこれを「一つ返事」と答えているが、そんな言葉は存在しない。「生返事《なまへんじ》(＝気乗りしないときの、はっきりしない返事)」も重要。

問 (ア)〜(ウ)の例文における意味として最も適当なものを、①〜⑤のうちから選べ。

□217 そこで売ってたから、とぶっきらぼうに包みを置いた。

(ア) ぶっきらぼうに 217

① 率直に
② 慎重に
③ 無愛想に
④ いまいましげに
⑤ あきれたように

□218 ぶっつけに放送するとかあり得ないだろ。

(イ) ぶっつけに 218

① あらあらしく
② はじめに
③ ざっと
④ なげやりに
⑤ いきなり

□219 彼はほんと茫洋《ぼうよう》とやさしく、最近あまり見ないタイプの人物だなぁ。

(ウ) 茫洋《ぼうよう》と 219

① とてもはっきりと
② どこから見ても
③ おおらかな様子で
④ とりとめなく
⑤ いつも明るく

解答

217 ① ② **❸** ④ ⑤
218 ① ② ③ ④ **❺**
219 ① ② **❸** ④ ⑤

217「ぶっきらぼう」＝言動に愛敬《あいきょう》がない様子。
④＝忌《い》み嫌うように。
「藪《やぶ》から棒《ぼう》」（＝思いがけない・突然な様子）も重要。

218 ＝いきなり。遠慮せずに。
④の「投げやり」＝結果はどうなっても構わないと無責任に。

219「茫洋」＝果てしなく広い様子。
④「とりとめなく」＝しまり・まとまりがなく。

問　(ア)〜(ウ)の例文における意味として最も適当なものを、①〜⑤のうちから選べ。

□220　かすかにカビの臭《にお》いのするほの暗い部屋に足を踏み入れる。

(ア)　ほの暗い　[220]

① 部分的に暗い
② ぼんやりと暗い
③ まっ暗な
④ ときどき暗くなる
⑤ うす汚れた

□221　二人でいる所すまん。間が悪かったな。

(イ)　間《ま》が悪かった　[221]

① 気持ちが揺らいだ
② 煩わしかった
③ 予測できなかった
④ 余裕がなかった
⑤ 気まずかった

□222　彼女は政治家の娘だというまことしやかな噂《うわさ》まで流れていた。

(ウ)　まことしやかな　[222]

① 疑いをはさめないように作られた
② 誰からも信じられている
③ 話の出どころのわからない
④ いかにもほんとうらしく聞こえる
⑤ 作り話だとすぐにわかってしまう

解答

220　① **②** ③ ④ ⑤
221　① ② ③ ④ **⑤**
222　① ② ③ **④** ⑤

220　**対** ほの明るい
「ほの」＝ちょっと。「ほのめかす（＝それとなく示す）」も重要。

221　「間が悪い」＝気まずい。運が悪い。
「間が抜ける（＝拍子抜けする。馬鹿げて見える）」「間が延びる（＝しまりがなくなる）」「間が持てない（＝時間を持て余す）」なども重要。

222　「まことしやか」の「まこと（誠。真。実）」から考えてみる。「しやか」＝「らしい」。「まことしやか」＝いかにも本当らしい。
例文中の「噂」という言葉につられて③などを選ばないように。

問　(ア)～(ウ)の例文における意味として最も適当なものを、①～⑤のうちから選べ。

□223　俺は彼女の帰るのを待ち続けたさ、まんじりともせず。

(ア)　まんじりともせず　223

① じっと動かないで
② 少しも眠らないで
③ ゆっくり休まないで
④ 冷静な気持ちで
⑤ あきらめないで

□224　虫を認めるや五メートル後ずさった。

(イ)　認めるや　224

① 見きわめる前に
② 確認できたせいか
③ 見とどけてからやっと
④ 目にとめるとすぐに
⑤ 確かめられたのだろう

□225　身の丈に合うと思う恋なんて、本当の恋じゃない。

(ウ)　身の丈《たけ》に合う　225

① 自分にとってふさわしい
② 自分にとって魅力的な
③ 自分にとって都合がよい
④ 自分にとって親しみが持てる
⑤ 自分にとって興味深い

解答

223　①　❷　③　④　⑤
224　①　②　③　❹　⑤
225　❶　②　③　④　⑤

223「まんじり」＝まどろむ・じっと見つめる様子。文化庁の国語世論調査では半数以上の人が①としているので注意。

224「～や」＝「～やいなや」＝「～とすぐに」という意味の接続助詞。②の「～せい」のような理由の意味ではない。④の「目(眼)にとめる」＝認める。

225「身の丈」＝身長。恋には好きな人へのあこがれが必要という意味の例文になるのでしょうか♪

問　(ア)〜(ウ)の例文における意味として最も適当なものを、①〜⑤のうちから選べ。

□226 そんなみもふたもない言い方しなくてもいいだろ。

(ア) みもふたもない　226

① 現実的でなくどうにもならない
② 大人気なく思いやりがない
③ 露骨すぎて話にならない
④ 計算高くてかわいげがない
⑤ 道義に照らして許せない

□227 欲しい本が目白押しでお財布が困るんですがー！

(イ) 目白《めじろ》押し　227

① 互いに他を排除するように
② めいめいが心を一つにして
③ 多くのものがすき間なく並んで
④ 隣同士が競い合うように
⑤ 背後からのしかかるようにして

□228 ただ僕のまわりの人がめまぐるしく変化していっただけだ。

(ウ) めまぐるしく　228

① たゆみなく着実な進み方で
② 何の方向性もなく無秩序に
③ 勢いをつけて一気に
④ 激しく変化する速い動きで
⑤ みるみるうちに高く舞い上がって

解答

226 ① ② **③** ④ ⑤　227 ① ② **③** ④ ⑤　228 ① ② ③ **④** ⑤

226「身《み》も蓋《ふた》もない」と書き、情味も含蓄もなく、直接的過ぎて話の続けようがないときに使う。①の「現実的でなく」はむしろ傍線部と逆の意味。傍線部との置き換えで①や②を選ばないように注意。

227 鳥のメジロが押し合うように木の枝に並んで止まることから、「目白押し」と言う。「ごり押し（＝無理矢理に自分の考えを押し通すこと）」も重要。

228「目まぐるしい」＝目の前のものが次々に移り変わって、目が回るようにあわただしい。
①の「たゆみなく」＝ゆるむ・弱まる・途絶えることがなく。

問　(ア)～(ウ)の例文における意味として最も適当なものを、①～⑤のうちから選べ。

□229 やにわに何を言い出すんだ。

(ア) やにわに 229

① ゆっくりと
② ぶっきらぼうに
③ 心をこめて
④ だしぬけに
⑤ 気持ちを隠して

□230 そう闇雲に正義を振りかざすなよ。

(イ) 闇雲《やみくも》に 230

① 見通しもなく強引に
② かたくなに意地を張って
③ 堂々と勇ましく
④ 考えもなく軽率に
⑤ 力づくで意志を通して

□231 あなたってすごい人ね、と彼女は揶揄《やゆ》するように言った。

(ウ) 揶揄《やゆ》するように 231

① 非難するように
② あざ笑うように
③ さとすように
④ からかうように
⑤ なだめるように

解答

229 ① ② ③ ❹ ⑤
230 ❶ ② ③ ④ ⑤
231 ① ② ③ ❹ ⑤

229「矢庭《やにわ》に」＝「矢を射ているその場所に」というのが語源で、「即座に。いきなり」。④「出し抜けに」＝いきなり。②「ぶっきらぼうに」＝無愛想に。

230＝「無闇《むやみ》(やたら)に」。「闇雲」は「闇で雲をつかむように、漠然として当てにならないこと」が語源。④は紛らわしいが、「軽率に」の部分が間違い。

231「揶揄する」は「邪揄《やゆ》する」とも書く。②の「嘲笑《あざわら》う」＝「嘲笑《ちょうしょう》する」。

問　(ア)〜(ウ)の例文における意味として最も適当なものを、①〜⑤のうちから選べ。

□232 彼は余儀なくてここに来たのです。

(ア) 余儀《よぎ》なくて 232

① 隔てる心がなくて
② 前もって相談できなくて
③ なんのあいさつもなくて
④ やむを得なくて
⑤ いつものことしかできなくて

□233 わたしの今は、すべて余慶に与《あずか》ってのことなのです。

(イ) 余慶《よけい》に与《あずか》って 233

① 勢いに乗じ、何にでも関わりを持って
② 余分な影響を受け、忙しくなって
③ おかげを被り、いいこともあって
④ 巻き込まれることを、かえって楽しんで
⑤ あり余る喜びを、与えたり受けたりして

□234 私は父に会うため、よんどころなくその女の家を訪れた。

(ウ) よんどころなく 234

① なにげなく
② 呼ぶこともなく
③ 乱暴に
④ やむをえず
⑤ いまいましげに

解答

232 ① ② ③ **④** ⑤　233 ① ② **③** ④ ⑤　234 ① ② ③ **④** ⑤

232「余儀ない」＝止《や》むを得ない。ここでの「儀」は形式名詞（＝意味のない単なる「こと」）的な用法で、作法の意味の用法（「礼儀」「儀礼」など）ではないので、③ではない。

233「余慶」＝「余光」＝お陰。「与《あずか》る」＝関わる。恩恵を受ける。目上の人から配慮や言葉などを受ける。⑤の「与《あた》えたり」はむしろ反対の意味で間違い。

234＝「余儀なく」。「拠所無《よんどころな》い」は「拠りどころない」の音便。

問 (ア)～(ウ)の例文における意味として最も適当なものを、①～⑤のうちから選べ。

□235 埒《らち》もない彼女の話にげっぷが出そうだった。

(ア) 埒《らち》もない 235

① 一般性がなくひとりよがりな
② とりとめがなく下らない
③ 情愛がなく冷酷な
④ 見通しがなく漠然とした
⑤ 信念がなく無責任な

□236 その流麗な所作に思わずため息がもれた。

(イ) 流麗《りゅうれい》な 236

① 正確でていねいな
② なめらかで美しい
③ 古風できちんとした
④ 繊細でととのった
⑤ はなやかで手慣れた

□237 そして少女は凛《りん》とした声で話し始めた。

(ウ) 凛《りん》とした 237

① 高圧的なはっきりした
② 冷たくつんとすました
③ 大きく響き渡る
④ 堂々として落ち着いた
⑤ きりりと引き締まった

解答

235 ① **❷** ③ ④ ⑤　236 ① **❷** ③ ④ ⑤　237 ① ② ③ ④ **❺**

235 ＝「埒がない」。「埒」は元来「馬場の周囲の柵《さく》」のことで、「越えることが許されない区切り」。「埒外(＝関わる範囲の外)」対 埒内(＝一定の範囲の内)」「埒が明く(＝かたがつく)」対 埒が明かない(＝踏ん切りがつかず、いつまでももたもたしている)」「埒を明ける・つける(＝かたをつける)」も重要。

236「淀みなく美しい」という意味で、文章などをほめるときに使うことが多い。「━文章」。

237「凛々《りり》しい(＝きりりと引き締まった)」と意味が重なるが、「寒気が身にしみる」という意味でも使う。

問　(ア)〜(ウ)の例文における意味として最も適当なものを、①〜⑤のうちから選べ。

□238 その霊性を漂わせたたたずまいは実質、神。

(ア) 霊性 238

① 精神の崇高さ
② 気性の激しさ
③ 存在の不気味さ
④ 感覚の鋭敏さ
⑤ 心の清らかさ

□239 たまに自分の持ち物を売って露命をつないでいた。

(イ) 露命《ろめい》をつないでいた 239

① 貧乏な生活をようやく持ちこたえていた
② 天から与えられた生命を大事に守りつづけていた
③ 青春時代の輝かしい生活を送っていた
④ はかない生命を何とか絶やさぬようにしていた
⑤ 物を売り歩くことによって生活を営んでいた

□240 彼の悪びれない態度に、思わず許しちゃうのよね。

(ウ) 悪びれない 240

① 反省と後悔の色さえもない
② 敵意や悪ぶった感じもない
③ 恥や外聞を恐れる気配もない
④ 優しさや誠意のかけらもない
⑤ 照れも気おくれする様子もない

解答

238 ❶ ② ③ ④ ⑤
239 ① ② ③ ❹ ⑤
240 ① ② ③ ④ ❺

238「霊性」＝宗教的な意識・精神性。②「気性の激しさ」＝「癇性《かんしょう》（症）」。⑤「心の清らかさ」＝「清純」。

239「露命」＝露《つゆ》のようにはかない命。
語句の意味問題では常に辞書の意味をふまえなければならない。例文の文脈だけから①を選ばないように。

240「悪びれる」＝気おくれして恥ずかしがったり照れたりし、見苦しい様子・行動をとる。
例文のように、打消しの語とともに使うことが多い。傍線部との置き換えで①や②を選ばないように。

問 (ア)～(ウ)の例文における意味として最も適当なものを、①～⑤のうちから選べ。

□241 お前にはもうとっくに愛想を尽かしていたさ。

(ア) 愛想を尽かしていた 241

① 嫌になってとりあわないでいた
② すみずみまで十分に理解していた
③ 体裁を取り繕うことができないでいた
④ いらだちを抑えられないでいた
⑤ 意味をはかりかねて戸惑っていた

□242 君のネトゲのプレイスタイルに開いた口が塞がりません。

(イ) 開いた口が塞《ふさ》がりません 242

① あまりにも急なことで驚きです
② あっけにとられてしまいます
③ 腹を立てる気も起こりません
④ 間の抜けた感じがします
⑤ もうどうしようもありません

□243 それで君は唖然《あぜん》として、ただ口をカバのように開けてたわけだね。

(ウ) 唖然《あぜん》として 243

① ぼんやりした様子で
② うっとりした様子で
③ あきれはてた様子で
④ たじろがない様子で
⑤ びっくりした様子で

解答

241 ❶ ② ③ ④ ⑤
242 ① ❷ ③ ④ ⑤
243 ① ② ❸ ④ ⑤

241「愛想」＝人に接して示す愛らしさや感じの良さ。人に対して好意をもとうとする気持ち。
「愛想が尽きる(＝好意がもてず嫌になる)」「愛想笑い(＝追従《ついしょう》笑い＝おかしくないのに親しみの気持ちを示すため、また相手に好意をもたれようとする笑い)」も重要。

242「開いた口が塞がらぬ」＝呆気《あっけ》に取られる。
確かに呆気に取られると、ついつい口を開けてしまいますね♪

243「唖《あ》」＝言語を発声できないこと。
⑤も近いが、最も適切なものを選ぶ。

問　(ア)～(ウ)の例文における意味として最も適当なものを、①～⑤のうちから選べ。

□244　奴《やつ》があまりにも堂々と嘘をつく様に俺は呆《あ》っけに取られた。

(ア)　呆《あ》っけに取られた　244

① 驚いて目を奪われた
② 意外さにとまどった
③ 真剣に意識を集中させた
④ 急に眠気を覚まされた
⑤ 突然のことでうれしかった

□245　朝までカラオケしてただけだよ、と、あっけらかんと言った。

(イ)　あっけらかんと　245

① あまりの意外さにあきれて
② 感情を逆なでするように
③ 思いやりを持たず冷酷に
④ 運命を飲み込んで黙々と
⑤ 事情にかまうことなく平然と

□246　何かと彼の話して、あてつけがましいったらないわー。

(ウ)　あてつけがましい　246

① いかにも皮肉を感じさせるような
② 遠回しに敵意をほのめかすような
③ 暗にふざけてからかうような
④ あたかも増悪をにじませるような
⑤ かえって失礼で慎みがないような

解答

244　❶ ② ③ ④ ⑤
245　① ② ③ ④ ❺
246　❶ ② ③ ④ ⑤

244「呆気《あっけ》」＝驚き呆《あき》れた状態。②＝「当惑」。③＝「専心」。④＝「覚醒」。⑤＝「驚喜」。

245＝「けろりと」。「あっけらかん」＝何もなかったように平然とした・ぼんやりしている様子。

246「当て付ける」＝相手の気にさわるように、他の事にかこつけて言ったりしたりする。「―がましい」＝「―のきらいがある」＝―らしい。

④意識・心情

問　(ア)〜(ウ)の例文における意味として最も適当なものを、①〜⑤のうちから選べ。

□247 彼女は息もつかせず攻撃に出た。

(ア) 息もつかせず　247

① 激しい衝撃を受け
② 強い憤りがこみ上げ
③ 感激の極みに達し
④ 途中で休まず
⑤ 事の意外さに驚き

□248 僕はいたたまれずに部屋を出た。

(イ) いたたまれずに　248

① 安心して一緒にいることができずに
② 気持ちの余裕を持続することができずに
③ おちついて居続けることができずに
④ いらだたしさに耐えることができずに
⑤ 仲の良いことを装うことに我慢できずに

□249 おーっと塚田、ここで相手の意表をつく作戦に出るー！

(ウ) 意表をつく　249

① 思いがけない
② 意味の分からない
③ 本質をついた
④ 想像したとおりの
⑤ 常識を超えた

解答

247 ① ② ③ ❹ ⑤

248 ① ② ❸ ④ ⑤

249 ❶ ② ③ ④ ⑤

247「つかせず」の「つく」は「吐《は》き出す」の意味(「ため息をつく」など)。「息をつく(＝大きく呼吸をする。生活する。一休みする)」も重要。

248「居《い》た堪《たま》らない・居《い》た堪《たま》れない」＝その場にじっとして居られない。なお「堪らない・堪れない」＝我慢できない。

249「意表」＝思いの外・予想外。「虚《きょ》をつく(＝相手の隙《すき》をついて攻める)」「楯《たて》をつく(＝さからう)」「天をつく(＝とても高い。勢いが盛んだ)」も重要。

問　(ア)〜(ウ)の例文における意味として最も適当なものを、①〜⑤のうちから選べ。

□250 受付嬢が訝《いぶか》しげに俺を見たが、ここで引き返すわけにはいかない。

(ア) 訝《いぶか》しげに　250

① 疑うようなまなざしで
② 不審に思う様子をして
③ 心配そうな表情をして
④ 自信なさそうな様子で
⑤ 驚くようなしぐさをして

□251 彼女の行動をいちいちいぶかる毎日に疲れた。

(イ) いぶかる　251

① うるさく感じる
② 誇らしく感じる
③ 冷静に考える
④ 気の毒に思う
⑤ 疑わしく思う

□252 店員が意味ありげな目つきで私を見るのが気になった。

(ウ) 意味ありげな目つき　252

① 懇願するような目つき
② 脅迫するような目つき
③ 了解したという目つき
④ 特別な意味を示すような目つき
⑤ 断らせないような目つき

解答

250 ① **②** ③ ④ ⑤　251 ① ② ③ ④ **⑤**　252 ① ② ③ **④** ⑤

250「訝しい」＝不審だ・疑わしい。①は「まなざし」に限定していてダメ。

251「いぶかしい（＝不審だ・疑わしい）」から考える。

252「意味有りげ」＝何か特別な意味・言葉に表さない含みが有りそうな様子。「子細《しさい》有りげ（＝詳しい事情が有りそうな様子）」「曰《いわ》く有りげ（＝物事の裏に何か特殊な事情が有りそうな様子）」なども重要。

④意識・心情

問　(ア)〜(ウ)の例文における意味として最も適当なものを、①〜⑤のうちから選べ。

□253 俺は後ろめたさから饒舌《じょうぜつ》になった。

(ア) 後ろめたさ　253

① 自信がないこと
② 心残りがあること
③ 今後が不安なこと
④ 良心がとがめること
⑤ 後が気がかりなこと

□254 十連敗にうちひしがれた姿にかける言葉もない。

(イ) うちひしがれた　254

① 不満が収まらず恨むような
② 疲れ切ってしょぼくれた
③ 気が動転してうろたえた
④ 気力を失ってうつろな
⑤ しょげ返って涙にうるんだ

□255 気持ちとは裏はらなぶっきらぼうな口のきき方をしてしまう。

(ウ) 裏はらな　255

① 裏にかくれた
② 裏おもてのある
③ 意外な
④ 反対の
⑤ 奥深い

解答

253 ① ② ③ **④** ⑤
254 ① ② ③ **④** ⑤
255 ① ② ③ **④** ⑤

253「後ろめたい」の語源は「後《うしろ》目《め》痛し」。④の「咎《とが》める」＝悪いことをしたと思って心に痛みを感じる。

254「ひしぐ」＝勢いをくじく・圧倒する。「打《う》ち―」は強調表現。以上から考える。①の「不満」、②の「しょぼくれた（＝気力なくみすぼらしい）」、③の「気が動転」、⑤の「涙」は意味に含まれない。

255「裏腹」と書くが、「①反対（同あべこべ）②隣り合わせ（同背中合わせ）」。

問　(ア)〜(ウ)の例文における意味として最も適当なものを、①〜⑤のうちから選べ。

□256 恨みを呑《の》んで、死んでいった人もいただろう。

(ア) 恨《うら》みを呑《の》んで 256

① 悲しみや嘆きに耐えかねて
② 無念な気持ちを心中に抱いて
③ 復讐《ふくしゅう》心をかなぐり捨てて
④ 不満な気持ちを無理に解消して
⑤ 憎しみの気持ちを胸におさめて

□257 自分が横柄な態度を取ってるって自覚が無いのよ、あの人。

(イ) 横柄《おうへい》な 257

① 疑いを知らぬほど自信に満ちた
② 思い込みに満ちた自分勝手な
③ よこしまで卑劣な
④ おごりたかぶって無礼な
⑤ 粗暴で押しつけがましい

□258 なんでも大仰に話す叔母が俺は苦手だった。

(ウ) 大仰《おおぎょう》に 258

① おそれおおい気持ちをもって
② 取り立てて大げさに
③ 真実を突きとめようとして
④ 反省意識にかられて
⑤ 心の底から真剣に

解答

256 ① **②** ③ ④ ⑤

257 ① ② ③ **④** ⑤

258 ① **②** ③ ④ ⑤

256「恨みを飲む・呑む」＝恨みの気持ちをこらえる。⑤の「憎しみ」ではこらえるという意味にならないので、間違い。

257 対 謙虚な（＝控《ひか》え目で素直な）

⑤＝「横暴な」。

258「大袈裟《おおげさ》（＝実際より誇張している。必要以上に仕掛けが大きい）」も重要。

問　(ア)〜(ウ)の例文における意味として最も適当なものを、①〜⑤のうちから選べ。

□259 彼女はおずおずとした調子で、ええじゃないかにも乗りたいと言った。

(ア) おずおずとした調子 259
① 気まずい感じ
② しらける感じ
③ ためらう感じ
④ かたくなな感じ
⑤ つまらない感じ

□260 まずお友だちとかから始めなきゃいけないのが億劫《おっくう》だ。

(イ) 億劫《おっくう》だ 260
① 手間がかかる
② 納得できない
③ 嫌な感じがする
④ 面倒くさい
⑤ 気に入らない

□261 ガラの悪さに戦きながらも必死に虚勢を保った。

(ウ) 戦《おのの》きながら 261
① 勇んで奮い立ちながら
② 驚いてうろたえながら
③ 慌てて取り繕いながら
④ あきれて戸惑いながら
⑤ ひるんでおびえながら

解答

259 ① ② **③** ④ ⑤
260 ① ② ③ **④** ⑤
261 ① ② ③ ④ **⑤**

259「怖《お》ず怖《お》ず」＝こわごわ。おそるおそる。ためらう様子。「おどおどとした（＝落ち着かないような）」「ぐずぐずとした（＝しまりがない。のろまな）」「そろそろとした（＝静かでゆっくりな）」「なみなみとした（＝あふれこぼれそうな）」も重要。

260「億」＝一万の一万倍。「劫」＝とても長い時間。「億劫がる（＝面倒がる）」も重要。

261「戦く」＝「わななく」＝恐れ震える。②の「驚いて」、③の「取り繕い」は意味に含まれない。

問　(ア)〜(ウ)の例文における意味として最も適当なものを、①〜⑤のうちから選べ。

□262 そんなことがあった翌日彼女と顔を合わせるのは面映《おもは》ゆかった。

(ア) 面映《おもは》ゆかった 262
① 相手の顔を見ることができないほどの違和感だった
② あれこれ考えをめぐらして気まずくなるような心情だった
③ 相手を見るのがまぶしく感じるほど心ひかれる感情だった
④ 期待をもって当てにするようなわくわくとした思いだった
⑤ 顔を合わせるのが照れくさいようなきまりの悪い気持ちだった

□263 どうすればこのキャラの枷《かせ》が外れるの？

(イ) 枷《かせ》が外れる 263
① 問題が解決する
② 苦しみが消える
③ 困難を乗り越える
④ いらだちが収まる
⑤ 制約がなくなる

□264 みな固唾《かたず》を呑《の》んで次の台詞《せりふ》を待った。

(ウ) 固唾《かたず》を呑《の》んで 264
① 声も出ないほど恐怖に怯えながら
② 何もできない無力さを感じながら
③ 張りつめた様子で心配しながら
④ 驚きと期待を同時に抱きながら
⑤ 緊張した面持ちで不快に思いながら

解答

262 ① ② ③ ④ **⑤**　263 ① ② ③ ④ **⑤**　264 ① ② **③** ④ ⑤

262「面映ゆい」＝照れくさい。「目ぼしい（＝特に価値がある）」「歯痒《はがゆ》い（＝もどかしい）」など顔つながりの言葉も重要。①は紛らわしいが、「違和感（＝しっくり来ない・そぐわない・食い違っているという感じ）」が間違い。②は「あれこれ考えをめぐらして」が間違い。

263「枷（＝行動の自由を奪うために首や手足にはめる昔の刑罰の道具・行動の自由を妨げるもの）」から考える。

264「固唾」＝緊張で口の中にたまる唾《つば》。①「恐怖」、④「驚きと期待」、⑤「不快」は間違い。「唾を付ける（＝取られないように、前もってかかわりを付けておく）」も重要。

問　(ア)〜(ウ)の例文における意味として最も適当なものを、①〜⑤のうちから選べ。

□265 思慕の情にかられて思わず彼女を抱きしめた。

(ア) かられて 265

① 心がせきたてられて
② 気持ちが動揺して
③ 思いが向かって
④ 精神が高ぶって
⑤ 意識がうつろになって

□266 ここで君が育ったんだと思うと感慨深いなあ。

(イ) 感慨《かんがい》 266

① 残念に思うこと
② 身にしみて感じること
③ 懐かしく思うこと
④ 深く感動すること
⑤ つらく感じられること

□267 猫さまのかわいさたるや感嘆おくあたわざる！

(ウ) 感嘆おくあたわざる 267

① 感嘆せずにはいられないこと
② 感嘆してはいられないこと
③ 感嘆する余裕がないこと
④ 感嘆するか迷ってしまうこと
⑤ 感嘆することもありうること

解答

265 ❶ ② ③ ④ ⑤
266 ① ❷ ③ ④ ⑤
267 ❶ ② ③ ④ ⑤

265「駆《か》られる」＝心を強くとらえる。

266「概」と書かないように注意。「慨」＝胸を詰まらせて嘆く・嘆息する。④は紛らわしいが、「感動」といった⊕イメージだけに限定するのは間違い。

267「措《お》く能《あた》わず」＝せずにはおれない。

問 (ア)〜(ウ)の例文における意味として最も適当なものを、①〜⑤のうちから選べ。

□268 あいつは生一本で嘘もつけないからなぁ。

(ア) 生一本《きいっぽん》 268

① 短気
② 純粋
③ 勝手
④ 活発
⑤ 強情

□269 本当は僕はいつも奴に気後れを感じてた。

(イ) 気後れを感じて 269

① 気の毒さがつのって
② 落ち着きの悪さを感じて
③ 自己嫌悪をもよおして
④ ひるむ気持ちが生じて
⑤ 疲れ切ってしまって

□270 もっと気概を見せろよ。お前はここで終わるような男じゃないだろ。

(ウ) 気概《きがい》 270

① 大局的にものを見る精神
② 相手を上回る周到さ
③ 物事への思慮深さ
④ くじけない強い意志
⑤ 揺るぎない確かな知性

解答

268 ① **②** ③ ④ ⑤

269 ① ② ③ **④** ⑤

270 ① ② ③ **④** ⑤

268「生一本」＝「生粋《きっすい》」＝純粋でまじりけのないこと。

269「気後れ」＝自信を失ってひるむこと。
「後《しり》(尻)込み(＝気後れしてためらう・後ろの方に下がること)」も重要。

270「慨」と書かないように注意。
「概」＝おもむき・様子。「概念(＝言葉で大ざっぱにまとめられた抽象的内容)」も重要。

問　(ア)～(ウ)の例文における意味として最も適当なものを、①～⑤のうちから選べ。

□271 明日は月曜日だと思うと気が重くなった。

(ア) 気が重くなった　271
① 心が落ち着かなくなった
② 悪いことをしたと反省した
③ 気分がすっきりしなくなった
④ 眠れなくなってしまった
⑤ 心配ごとがふえてしまった

□272 彼のおごりだと思うと気がひけた。

(イ) 気がひけた　272
① 気が晴れなかった
② 気が進まなかった
③ 気に障らなかった
④ 気に入らなかった
⑤ 気にならなかった

□273 ひょっとして彼女は来ないのではという危惧《きぐ》の念を抱いた。

(ウ) 危惧《きぐ》の念　273
① とまどいつつ耐える気持ち
② 期待しながらも怖がる気持ち
③ ひどくおびえる気持ち
④ それとなく不安な気持ち
⑤ 心配しおそれる気持ち

解答

271 ① ② ❸ ④ ⑤　272 ① ❷ ③ ④ ⑤　273 ① ② ③ ④ ❺

271「気が重い」＝心が晴れない。「足が重い（＝足が疲れている。行きたくない）」「頭が重い（＝心配で頭が痛い）」「口が重い（＝口数が少ない）」「腰が重い（＝無精《ぶしょう》で気軽に行動に移さない）」「荷が重い（＝能力の割には仕事の責任・負担が重い）」も重要。

272「気が引ける」＝気後れがする。「気が多い（＝心が移り易い。浮気だ）」「気が・の置けない（＝遠慮しないで気楽に付き合える）」も重要。

273「危惧」＝悪くないかと危ぶみ心配すること。「念」＝思い。気持ち。考え。

問　(ア)～(ウ)の例文における意味として最も適当なものを、①～⑤のうちから選べ。

□274 あいつは気骨あふれるいい男だよ。

(ア) 気骨《きこつ》 274

① 不屈の気概
② 繊細な気質
③ 乱暴な気性
④ 進取の意気
⑤ 果敢な勇気

□275 期せずして同じ吊《つ》り革を握ったことから僕達ははじまった。

(イ) 期《き》せずして 275

① 期待せず
② ほっとして
③ 急いで
④ 無言で
⑤ 偶然に

□276 結果を気に病み体調を崩しては元も子もない。

(ウ) 気に病《や》み 276

① 思い悩むことに嫌気がさして
② 気にするあまり病気になって
③ あれこれと心配して思い悩み
④ 何かと悪い想像ばかりをして
⑤ 余計な心配をして弱気になり

解答

274 ❶ ② ③ ④ ⑤　275 ① ② ③ ④ ❺　276 ① ② ❸ ④ ⑤

274 ①の「不屈」＝屈しないこと。「気概」＝くじけない強い意志。④の「進取（＝進んで取り組んでいくこと）」、⑤の「果敢《かかん》（＝思い切りがよく勇敢なさま）」は間違い。

275 前もって定めた（＝「期した」）わけではないのに、という意味から。漢字につられて①を選んで間違えないように。

276 ④の「想像」、⑤の「弱気」は間違い。「苦《く》に病む（＝ひどく気にして苦しみ悩む）」も重要。

問 (ア)〜(ウ)の例文における意味として最も適当なものを、①〜⑤のうちから選べ。

□ **277** 気の置けない友達がいるっていうのは幸せなことだな……。

(ア) 気の置けない [277]
① 気分を害さず対応できる
② 遠慮しないで気楽につきあえる
③ 落ち着いた気持ちで親しめる
④ 気を遣ってくつろぐことのない
⑤ 注意をめぐらし気配りのある

□ **278** 彼はきまり悪そうにゴソゴソとテスト用紙を取り出した。

(イ) きまり悪そうに [278]
① 恥ずかしげに
② 思うに任せない様子で
③ 態度を決めかねて
④ 思い悩んで
⑤ 不安そうに

□ **279** 相手のデカさに気を呑《の》まれてんじゃねーよ。

(ウ) 気を呑《の》まれて [279]
① 圧倒されて
② 驚きあきれて
③ 無我夢中で
④ 引き込まれて
⑤ 不審に思って

解答

277 ① **②** ③ ④ ⑤
278 **①** ② ③ ④ ⑤
279 **①** ② ③ ④ ⑤

277 ＝「気が置けない」＝「気詰まり（＝気がねして窮屈なこと）」がない。「気が気でない（＝気になって落ち着いていられない）」も重要。

278「きまり（が）悪い」＝面目《めんぼく》《めんもく》が立たない。きちんと整っていない。「始末が悪い（＝扱うのに困る）」も重要。

279 **対** 気を呑んで（＝気持ちの上で相手を圧倒して）「気を取られる（＝注意を奪われる）」「気を利《き》かせる（＝配慮して行動する）」「気を持たせる（＝期待させる）」「気を取り直す（＝気落ちした状態から元気を出す）」も重要。

問　(ア)〜(ウ)の例文における意味として最も適当なものを、①〜⑤のうちから選べ。

□280 何が彼女の心の琴線に触れるか見当もつかない。

(ア) 琴線に触れる 280
① 落ち着き安堵させること
② 失望し落胆させること
③ 感動や共鳴を与えること
④ 動揺し困惑させること
⑤ 怒りを買ってしまうこと

□281 立派なお住まいで、などと虚栄心をくすぐることとさ。

(イ) くすぐる 281
① ばかにする
② 大きくする
③ 笑わせようとする
④ はぐらかす
⑤ いい気にさせる

□282 服装をからかうと彼女はぷっと口をとがらせた。

(ウ) 口をとがらせた 282
① 怒りで厳しい口調になった
② まったく分からないという顔付きをした
③ 弱気になりながらも虚勢を張った
④ 不満に思い抗議するような表情をした
⑤ 激しい口調で相手をののしった

解答

280 ① ② **③** ④ ⑤　281 ① ② ③ ④ **⑤**　282 ① ② ③ **④** ⑤

280「琴線」＝（琴に張られている糸のように）感じやすい心の奥の心情。文化庁の国語世論調査では多くの人が⑤としているので注意。

281 ＝皮膚に軽くさわってこそばゆい感じにさせる。人を無理に笑わせようとする。いい気にさせる。

282「口を尖《とが》らせる」＝「唇を尖らせる」＝唇を突き出して激しく言う。不満そうな顔をする。

「声を尖らせる（＝怒った・不機嫌な声を出す）」も重要。

問　(ア)～(ウ)の例文における意味として最も適当なものを、①～⑤のうちから選べ。

□283 彼女が屈託なく笑わなくなってどのくらいたつだろう。

(ア) 283 屈託《くったく》なく
① きわめて無作法に
② まったく疲れを知らず
③ 何のこだわりもなく
④ ひどく無遠慮に
⑤ 少しの思慮もなく

□284 委員長は怪訝《けげん》な気持ちもあらわに「はい？」と眼鏡に手をやった。

(イ) 284 怪訝《けげん》な気持ち
① 不可解で納得のいかないような気持ち
② 不安で落ち着かないような気持ち
③ うれしくて待ちきれないような気持ち
④ 怒っていらいらするような気持ち
⑤ 用心深く相手の考えを疑うような気持ち

□285 彼女が昂然《こうぜん》と頭を上げたとき、恋に落ちた。

(ウ) 285 昂然《こうぜん》と
① 興奮のあまり
② 威風堂々と
③ 怒ったように
④ 自負に満ちて
⑤ 満足げに

解答

283 ① ② **③** ④ ⑤　284 **①** ② ③ ④ ⑤　285 ① ② ③ **④** ⑤

283「屈託」＝こだわってくよくよする。疲れて飽きること。傍線部との置き換えだけで⑤などを選ばないように注意。

284「怪訝」＝怪しくて訝《いぶか》しい。なお「訝しい」＝不審だ。疑わしい。
①の「不可解」＝理解できない。怪しい。

285「昂然」＝自負があって意気があがる様子。
②の「威風堂々」＝威厳があって堂々とした様子。
④の「自負」＝自分の才能や仕事に自信や誇りをもつこと。

問 (ア)～(ウ)の例文における意味として最も適当なものを、①～⑤のうちから選べ。

□286 ここは剛胆を装って倍プッシュだ……！

(ア) 剛胆《ごうたん》を装《よそお》って 286

① 度胸がないのに無理をして
② 冷静さを見せつけて
③ 強がっているように見せて
④ ものに動じないふりをして
⑤ 図太さを前面に出して

□287 後難をおそれていては何も決められん。

(イ) 後難《こうなん》をおそれて 287

① 後々《あとあと》までも長く自分への非難が続くことを気にして
② 後になって人々の非難が起こらないように気を遣って
③ 後になるほど事態の解決が難しくなるのを心配して
④ 後になってふりかかってきそうな災いを心配して
⑤ 後になるほど災いが起こりやすいのを気にして

□288 男の沽券《こけん》にかかわるんだってさ？ 意味わからん。

(ウ) 沽券《こけん》にかかわる 288

① 自分の今後の立場が悪くなる
② 自分の守ってきた信念がゆらぐ
③ 自分の体面がそこなわれる
④ 将来の自分の影響力が弱くなる
⑤ 長年の自分の信用が失われる

解答

286 ① ② ③ **④** ⑤　287 ① ② ③ **④** ⑤　288 ① ② **③** ④ ⑤

286「剛胆・豪胆」＝肝《きも》がすわっている・大胆なこと。
「装う」＝それらしく見せかける。

287「後難」＝後になってふりかかる災難。後の時代の人々の非難。
異 硬軟（＝硬《かた》いこととやわらかいこと）

288「沽券」＝人前で保ちたい品位・体面（＝相応の外観の立派さ。名誉）。
②の「信念」は内面的なことなので、意味が異なる。
「沽券が下がる（＝人の品位・値打ちが下がる）」も重要。

問　(ア)～(ウ)の例文における意味として最も適当なものを、①～⑤のうちから選べ。

□289　流されてはいけない。ここはひとつ心を鬼にせねば……。

(ア)　心を鬼にせねば　289

① 悲しみを覚えても無理にでも愉快そうにしないと
② 内心ではうそを承知で大げさに振る舞わないと
③ 演技であってもいかにも本当らしく行動しないと
④ 良くないとは知りつつも人間の心を捨てないと
⑤ かわいそうに思いながらもあえて冷酷にしないと

□290　昨日の夜ふかしが応《こた》えている。

(イ)　応《こた》えている　290

① 不吉な思いに駆り立てている
② 痛手として強く感じられている
③ 慎重な気持ちにさせている
④ 不快な気分をもたらしている
⑤ 心に迷いを生じさせている

□291　ストレッチをするとこわばった心もほぐれてくるようだった。

(ウ)　こわばった　291

① 恐怖におびえた
② 疲れて冷え切った
③ ことさらに甘えた
④ こわいような大きな
⑤ 不自然に緊張した

解答

289　①　②　③　④　**⑤**

290　①　**②**　③　④　⑤

291　①　②　③　④　**⑤**

289　ここでの「鬼」＝人情のない・冷酷な人。⑤の「あえて」は「相手のためを思って」ということ。

290　「応える」＝十分に見合うような行動をとる。痛手として強く感じる。

291　「強張《こわば》る」＝固くなって突っ張る。固くなって自由に動かなくなる。

問　(ア)～(ウ)の例文における意味として最も適当なものを、①～⑤のうちから選べ。

□292　若かった俺はただ彼女を利用しているのではという思いに苛《さいな》まれた。

(ア)　苛《さいな》まれた　292

① おおいに悩まされた
② 激しく突き動かされた
③ ひどく責め立てられた
④ 後ろめたくて気がとがめた
⑤ どこまでも心配させられた

□293　失恋くらいでさめざめと泣ける君がうらやましいよ。

(イ)　さめざめと　293

① われを忘れるほどどとり乱して
② 涙をこらえてひっそりと
③ 気のすむまで涙を流して
④ いつまでもぐずぐずと
⑤ 他人を気にせず大きな声で

□294　彼女は舌打ちするみたいにスマホを机に投げ出した。

(ウ)　舌打ちするみたいに　294

① 相手をなんとか説得するように
② いら立ちを隠しきれないように
③ 怒りをあらわにしたように
④ 状況をよく吟味するように
⑤ みずからを納得させるように

解答

292　①　②　**③**　④　⑤
293　①　②　**③**　④　⑤
294　①　**②**　③　④　⑤

292「苛む」＝苦痛を与えて責め立てる。①と④は紛らわしいが、①の「悩まされた」、④の「気がとがめた」には「責め立てられる」ニュアンスがないので間違い。

293 ④は「涙」の説明がないので間違い。⑤は「大きな声で」が間違い。

294「舌打ち」＝残念さ・不愉快さ・悔しさ・美味《おい》しさなどを表す動作。「舌鼓《つづみ》（＝美味しさを味わったときに鳴らす舌の音「―を打つ」）」「舌舐《な》めずり（＝美味しい食べ物を前に・想像して、舌で唇をなめる様子。獲物を待ち構えている様子）」も重要。

問　(ア)〜(ウ)の例文における意味として最も適当なものを、①〜⑤のうちから選べ。

□295 何だよそのしたり顔は！　ああそうだよ、俺が浅はかだったよ！

(ア) したり顔 295

① 得意そうな顔つき
② 人がよさそうな顔つき
③ 無関係だという顔つき
④ 嫌味な顔つき
⑤ 気乗りしない顔つき

□296 目の前で最後の1コをとられて地団太を踏むのはもうたくさんだ。

(イ) 地団太《じだんだ》を踏む 296

① じっと苦しみに耐える
② 今一歩及ばずに失敗する
③ 地に落ちたように失望する
④ 仕掛けられた罠にはまる
⑤ ひどくいら立ってくやしがる

□297 そのころ私は自負心のおばけのようだった。

(ウ) 自負心 297

① 自分が周囲を見返してやるという気持ち
② 自分は何でもできるという気持ち
③ 自分は誰にも負けたくないという気持ち
④ 自分に負けずにがんばろうという気持ち
⑤ 自分はどうせ子供なのだという気持ち

解答

295 ❶ ② ③ ④ ⑤　296 ① ② ③ ④ ❺　297 ① ❷ ③ ④ ⑤

295 ＝してやったという得意そうな顔つき。③＝「そ知らぬ顔」「何食わぬ顔」⑤＝「進まぬ顔」も重要。

296「地団太（駄）を踏む」＝くやしがって両足を交互に大きく地面を踏む。例文の「最後の1コ」という文脈から②を選ばないように注意。

297 ここでの「負」＝「頼りにする」という意味で、「自負」＝自らを頼りにする＝自信や誇りをもつこと。③のように「負ける」かどうかの意味ではないので注意。

問　(ア)～(ウ)の例文における意味として最も適当なものを、①～⑤のうちから選べ。

□298 男ってこっちが邪気を殺してんのも全然気づかないのね。

(ア) 邪気《じゃき》を殺して　298

① かわいさを装って
② 敵意を押し隠して
③ 何も考えないで
④ 感情を抑えて
⑤ まじめなふりをして

□299 今告《コク》るべきかしばし逡巡《しゅんじゅん》した。

(イ) 逡巡《しゅんじゅん》した　299

① 逃れようもないと観念した
② 良い方法もなくて困惑した
③ どうにかしようと熟慮した
④ どちらをとろうかと悩んだ
⑤ どうしようかとためらった

□300 僕を見上げる彼女の頬が心なしか上気していた。

(ウ) 上気《じょうき》して　300

① いらだって
② 高まって
③ のぼせて
④ うわずって
⑤ 乱れて

解答

298 ❶　②　③　④　⑤
299 ①　②　③　④　❺
300 ①　②　❸　④　⑤

298「邪気」＝悪意。**対**無邪気（＝悪気がなく、あっさりしている様子）
②は「敵意」が間違い。③は「殺して」の意識的な要素がないので間違い。

299「逡巡」＝考えを巡らせてためらう。
「巡る」＝「一回りして元へ戻る。次々と訪ねて回る。中心として展開する」から考える。③の「どうにかしようと」、④の「どちらをとろうか」は間違い。

300「上気」＝血が上《のぼ》って、のぼせる・顔が赤くなる・ぼんやりとした状態。
④の「上擦《うわず》る」＝浮《うわ》ついた調子になる。落ち着きを失う。

問 (ア)～(ウ)の例文における意味として最も適当なものを、①～⑤のうちから選べ。

301 それを突きつけた時の役員の慌《あわ》てようときたら実に笑止だった。

(ア) 笑止《しょうし》だった　301

① こっけいで見ていられなかった
② 懸命さが笑いも止めさせるほどだった
③ おかしくて笑うべきことだった
④ 切なくてしみじみとすることだった
⑤ みじめで哀れなほどだった

302 条理を尽くしてあたったのだが、わかってもらえなかったようだ。

(イ) 条理を尽くして　302

① 理屈の骨組みを取り出して
② 常識をかんで含めるようにして
③ 事のすじみちを丁寧に説明して
④ 感情をこめた優しさをもって
⑤ 原因を徹底的に明らかにして

303 信号が青になる前にじりじりとリードしてはいけない。

(ウ) じりじりと　303

① うれしさに心躍らせて
② 心や態度が落ち着かず
③ はやる気持ちを抑えつつ
④ にらみ合いを続けながら
⑤ 少しずつ確実に動いて

解答

301 ① ② ❸ ④ ⑤　302 ① ② ❸ ④ ⑤　303 ① ② ③ ④ ❺

301「笑止」は当て字。元来は普通でないことの意味。
「笑止」＝馬鹿げていて・おかしくて、笑うべきこと。
「笑止千万《しょうしせんばん》(＝非常にばかばかしい・おかしい)」も重要。

302「条理」＝筋道。道理。
「尽くす」＝あるかぎり出し切る。
「意を尽くす(＝余すところなく表現する)」も重要。

303「じりじり」＝少しずつ確実に動いて。待ちきれず苛《いら》立《だ》って。強く照り付けて。油や汗がにじみ出て。ベルなどが鳴り続いて。少しずつ焼けて。
②＝「そわそわと」。
③は「抑えつつ」が間違い。

問　(ア)～(ウ)の例文における意味として最も適当なものを、①～⑤のうちから選べ。

□304 女は神妙な面持ちで、二度づけは構わないんでしょうねと訊《き》いた。

(ア) 神妙《しんみょう》な [304]

① 深刻ぶった
② おどろいた
③ 神秘的な
④ けなげな
⑤ うたがう

□305 そうすげなくするなよ。

(イ) すげなく [305]

① 冷淡に
② なすすべなく
③ 一方的に
④ 思いがけなく
⑤ 嫌味っぽく

□306 彼は漸々口を開きはじめた。

(ウ) 漸々《ぜんぜん》 [306]

① しだいに
② すぐに
③ 考えてから
④ 気を許して
⑤ 我に返って

解答

304 ① ② ③ **④** ⑤

305 **①** ② ③ ④ ⑤

306 **①** ② ③ ④ ⑤

304「神妙」＝普通の人がまねできないほど感心な様子。普段の態度から予想されないほど健気《けなげ》な様子。傍線部との置き換えで①を選ばないように注意。

305「素気《すげ》ない」＝「つれない」＝思いやりがない・冷淡だ。「けんもほろろ（＝冷淡に断わる様子）」も重要。

306「漸」＝「しだいに」から考える。「漸次（＝しだいに変化して）」「漸進（＝順を追って進む）」も重要。

問　(ア)～(ウ)の例文における意味として最も適当なものを、①～⑤のうちから選べ。

□307 最も大事なものを見落としていたのではと戦慄が走りぬける。

(ア) 戦慄《せんりつ》が走りぬける　307

① 恐ろしさで一瞬体中が震える思いがする
② 急激な寒さで体全体が硬直してしまう
③ うしろめたさからひたすら自分を責める
④ 悲しさで瞬間的に体が縛られたようになる
⑤ 予期せぬ展開にひどく驚いてしまう

□308 浅慮を全く嘲笑した兄さんも大人げないよ。

(イ) 浅慮《せんりょ》を全く嘲笑《ちょうしょう》した　308

① 短絡的な考えに対して心の底から見下した
② 卑怯なもくろみに対してためらわず軽蔑した
③ 粗暴な行動に対して極めて冷淡な態度をとった
④ 大人げない計略に対して容赦なく非難した
⑤ 軽率な思いつきに対してひたすら無視した

□309 天然ちゃんの得意技は他意なく人を傷つける、だね。

(ウ) 他意《たい》なく　309

① 人の意見など聞き入れず
② 特定の考えもなしに
③ ほかの意向など持たずに
④ 他の人のことなど意識せず
⑤ 裏に含んだ考えなどなく

解答

307 ❶ ② ③ ④ ⑤
308 ❶ ② ③ ④ ⑤
309 ① ② ③ ④ ❺

307「戦慄」＝恐ろしくて戦《おのの》き慄《ふる》えること。「―が走る」と使うことが多い。「虫唾《むしず》が走る（＝吐き気がするほど不快でたまらない）」も重要。

308「浅慮」＝思慮の浅いこと。浅はかな考え。「嘲笑」＝嘲《あざけ》り笑う。嘲笑《あざわら》う。①の「短絡的」＝深く考えずに二つの事を関連づけてしまう。

309「他意」＝他の考え。裏切る心（＝「二心《ふたごころ》」）。④は「他の人」が間違い。

問 (ア)〜(ウ)の例文における意味として最も適当なものを、①〜⑤のうちから選べ。

□ 310 シンジ君、どうか彼のことを他山の石とするように。

(ア) 他山《たざん》の石とする 310

① 他人の力を借りて理想を成し遂げる
② 他人の良い行いを手本として見習う
③ 他人の業績を継いで完成を目指す
④ 他人の良くない言行を参考にする
⑤ 他人の力を借りずに助言を生かす

□ 311 男はにわかにたじろぎながら、自分は聞いていないと言った。

(イ) たじろぎながら 311

① おののきながら
② しらけながら
③ みじろぎながら
④ ひるみながら
⑤ せめられながら

□ 312 このキャラは丹精して育てたんだぞ！ それを……。

(ウ) 丹精《たんせい》して 312

① 苦労して
② 注意深くして
③ よく調べて
④ 心をこめて
⑤ 大人のようにして

解答

310 ① ② ③ **④** ⑤
311 ① ② ③ **④** ⑤
312 ① ② ③ **④** ⑤

310「他山の石」は「他山の石以《も》って玉《ぎょく》を攻むべし」を出典とし、「自分の人格を玉（＝磨かれたもの）にするのに役立つ他の山の石（＝良くないもの）」が原義。手本や目上の人に使うのは誤用であるが、文化庁の国語世論調査では多くの人が②としているので要注意。

311「たじろぐ」＝ひるむ。「たじたじ」＝ひるむ様子。①の「戦《おのの》く」＝恐怖・寒さ・興奮に震える。③の「身じろぐ」＝体を少し動かす。身動きする。

312「丹」＝真心。「丹精・丹誠」＝誠心誠意で打ち込むこと。

問　(ア)〜(ウ)の例文における意味として最も適当なものを、①〜⑤のうちから選べ。

□313　まわりに重宝がられる人でした。

(ア)　重宝がられる　313

① 頼みやすく思われ使われる
② 親しみを込めて扱われる
③ 一目置かれて尊ばれる
④ 思いのままに利用される
⑤ 価値が低いと見なされる

□314　お、俺がどぎまぎとしてたとかって言うなよ絶対。

(イ)　どぎまぎと　314

① 恥ずかしさのあまり、とりみだして
② 弁解できず、しどろもどろで
③ 理解してもらえず、困惑して
④ 不意をつかれて、たじろいで
⑤ 思いがけないことに、うろたえて

□315　なまこの胎児♪が僕をとりとめもない気持ちにさせる。

(ウ)　とりとめもない気持ち　315

① 慌ただしくそわそわした気持ち
② 不愉快で受け入れがたい気持ち
③ わけもなく落ち着かない気持ち
④ 退屈しきって面白くない気持ち
⑤ どこか投げやりで憂鬱な気持ち

解答

313　❶　②　③　④　⑤
314　①　②　③　④　❺
315　①　②　❸　④　⑤

313「重宝」＝大切な宝物。便利なものとして使うこと。使って便利な様子。③の「一目《いちもく》置かれて」の要素は間違い。「一目置く（(元来は囲碁の用語で)優れていると認めて敬意払う)」も重要。

314「どぎまぎ」は不意を突かれたり威圧されたりしたときに使うが、④は「たじろいで(＝ひるんで)」が間違い。「おたおた(＝圧倒されて、うろたえる様子)」「まごまご(＝どうしてよいか解《わか》らず、うろたえる様子)」などの類語も重要。

315「取り留め(＝要点やまとまり)」は多く打消しの語を伴って用いる。①は「慌《あわ》ただしく(＝いろいろあって落ち着かず)」が間違い。

問 (ア)〜(ウ)の例文における意味として最も適当なものを、①〜⑤のうちから選べ。

□316 ひどいことをされたのに、頓着なしに接する君はすごいよ。

(ア) 頓着《とんちゃく》なしに [316]

① まったく気がつかずに
② 気にかける様子もなく
③ 落ち着かない態度で
④ 深く気づかうふうにして
⑤ 気づかない素振りをして

□317 彼女は何喰《なにく》わぬ顔で牛丼ひとつ、つゆだくでと言った。

(イ) 何喰《なにく》わぬ [317]

① 面白くないといった
② どうでもよいといった
③ 関わりたくないといった
④ 全く知らないといった
⑤ 好きになれないといった

□318 パイがふくらんでいくのを熱のある眼《め》つきで見つめる。

(ウ) 熱のある眼《め》つき [318]

① うるんだような眼つき
② 疲れたような眼つき
③ 内気そうな眼つき
④ 情熱的な眼つき
⑤ 病的な眼つき

解答

316 ① **❷** ③ ④ ⑤　317 ① ② ③ **❹** ⑤　318 ① ② ③ **❹** ⑤

316 ＝「無頓着に」。「頓狂（＝慌てて調子外れになっている様子）」「頓挫（＝途中で、勢いが失われる・駄目になる）」も重要。

317「何食（喰）わぬ顔」＝「そ知らぬ顔」＝知っているにもかかわらず何事も知らないような顔つき。傍線部との置き換えだけで②を選ばないように注意。

318「熱」＝温かさ。熱さ。体温。情熱。「熱意（＝実現させようと努力する気持ち）」「熱演（＝役を熱心に演じる）」も重要。

問　(ア)〜(ウ)の例文における意味として最も適当なものを、①〜⑤のうちから選べ。

□319　彼女の心にいま一歩踏み込めない歯痒《はがゆ》さを感じた。

(ア)　歯痒《はがゆ》さ　319

①　満足できず物足りない気持ち
②　もどかしくじれったい気持ち
③　あまりに不愉快で憤る気持ち
④　口に出せず腑甲斐《ふがい》ない気持ち
⑤　興ざめで非難めいた気持ち

□320　少女は弾かれたように踵《きびす》を返した。

(イ)　弾かれたように　320

①　予想外のことを信じられない様子
②　忘れていたことを不意に思い出した様子
③　相手の言うことに素直に従う様子
④　強いられて急いで行動を起こす様子
⑤　突然のことに驚きながら反応する様子

□321　事態はあり得ない方向に進み、肌が粟《あわ》だつようだった。

(ウ)　肌が粟《あわ》だつようだ　321

①　恐ろしくて身の毛がよだつようだ
②　緊張して頭に血がのぼるようだ
③　緊張して冷や汗が流れるようだ
④　寒々として身ぶるいをするようだ
⑤　寒々として体がこわばるようだ

解答

319　①　**②**　③　④　⑤
320　①　②　③　④　**⑤**
321　**①**　②　③　④　⑤

319「歯」を使う「歯に衣《きぬ》を着せぬ(＝遠慮せずに思ったままに言う)」「歯が浮く(＝空々しく気障《きざ》な言動に不快を感じる)」も重要。

320「弾く」は「はね返る力で打つ」が語源で、「弾かれた」と受け身になっていることに注目し「反応」とある⑤を選ぶ。②の「忘れていたことを…思い出した」、④の「強いられて」は間違い。

321「粟立つ(＝寒さや恐ろしさのために皮膚に粟粒《あわつぶ》ができたようになる)」＝「鳥肌が立つ(最近では感動したときにも使う)」。

問　(ア)〜(ウ)の例文における意味として最も適当なものを、①〜⑤のうちから選べ。

□ **322** 早い者勝ちとか俺鼻白んでダメなんだよね。

(ア) 鼻白んで **322**

① 鼻息が荒くなって
② 心配になって
③ 気おくれがして
④ 顔色をなくして
⑤ 怒りをあらわにして

□ **323** その態度が鼻持ちならないんだよ。大してイケメンでもないくせに。

(イ) 鼻持ちならない **323**

① 醜くて目をおおうような
② 不快でがまんならない
③ あきれて後の言葉が出ない
④ 誰にも相手にされない
⑤ 冷たくて非人間的な

□ **324** 少女のはにかんだ笑顔に俺はなんでもしてやりたくなった。

(ウ) はにかんだ **324**

① 安心したような
② 懐かしそうな
③ ひるんだような
④ 恥ずかしそうな
⑤ 甘えるような

解答

322 ①　②　**③**　④　⑤

323 ①　**②**　③　④　⑤

324 ①　②　③　**④**　⑤

322「鼻白む」＝気後れがする。興ざめした様子をする。「白《しら》ける（＝気分が壊れる。色があせる）」も重要。

323「鼻」を使う慣用句「鼻を明かす（＝隙を窺《うかが》って先んじ、相手をあっと言わす）」「鼻を折る（＝相手の慢心をくじく）」「鼻に付く（＝嫌な臭いがする。嫌味に感じられる）」も重要。
③＝「二の句が継げない」。
④＝「犬も食わない」。

324「はにかむ」＝恥ずかしがる。「照《て》れる（＝嬉しかったり得意だったりする一方で、気がひける・恥ずかしそうにする）」も重要。

問　(ア)〜(ウ)の例文における意味として最も適当なものを、①〜⑤のうちから選べ。

□325 昨日と同じ服なのを指摘するのははばかられた。

(ア) はばかられた 325
① 憂慮された
② 甘受された
③ 配慮された
④ 懸念された
⑤ 遠慮された

□326 ミスは仕方ないとしても、奴の悪びれない態度は腹に据《す》えかねた。

(イ) 腹に据《す》えかねた 326
① 本心を隠しきれなかった
② 我慢ができなかった
③ 合点がいかなかった
④ 気配りが足りなかった
⑤ 気持ちが静まらなかった

□327 大事な人にだけわかってもらえればいいと肚《はら》を決めた。

(ウ) 肚《はら》を決めた 327
① 気持ちを固めた
② 段取りを整えた
③ 勇気を出した
④ 覚悟を示した
⑤ 気力をふりしぼった

解答

325 ① ② ③ ④ ❺
326 ① ❷ ③ ④ ⑤
327 ❶ ② ③ ④ ⑤

325「はばかる」＝遠慮する。幅を利かせる（＝勢力を振るう）。④の「懸念」＝気に懸《か》かり不安に思う。

326「据える」＝しっかりと置く。「〜しかねる」＝〜することに堪えられない。以上のことから考える。

327「肚・腹を決める」＝心を決める。④の「示した」は意味に含まれない。

問　(ア)〜(ウ)の例文における意味として最も適当なものを、①〜⑤のうちから選べ。

□ 328 僕達は晴れ間を縫うようにしてデートをした。

(ア) 晴れ間を縫《ぬ》うようにして　328

① 雲の切れ間を待つようにして
② 雨がやむのを見透かすようにして
③ 機嫌をうかがうようにして
④ 人のいないときを選ぶようにして
⑤ 頃合いを見計らうようにして

□ 329 そうだったのか、と膝を打つ気分でページを繰った。

(イ) 膝を打つ気分　329

① 相手に同意し事実を確かめたくなるような気分
② 思いがけぬことに気づかされ感心した気分
③ 不気味な思いにとらわれ恐れおののく気分
④ 不明を恥じて自らを奮い立たせようとする気分
⑤ 長年の謎が解け踊り上がりたいような気分

□ 330 ストリートライブで苦労して一皮むけたようだな。

(ウ) 一皮むけた　330

① 親しみが感じられるようになった
② じかに感じとれるようになった
③ じれったい思いをすることがなくなった
④ 見違えるように洗練された
⑤ うすっぺらなところがなくなった

解答

328 ① ② ③ ④ **⑤**　329 ① **②** ③ ④ ⑤　330 ① ② ③ **④** ⑤

328 ここでの「縫う」＝狭い間を衝突しないようにうまく進む。「人波を―」などとも使う。
④は「人のいないとき」と意味を限定しすぎて間違い。

329 「膝を打つ」＝膝をぽんと叩く。急に気づいたり感心したりする。
④の「不明」＝愚かなこと。
「舌鼓《つづみ》を打つ（＝おいしい物を味わった満足感を舌を鳴らして表す）」も重要。

330 「一皮」＝表の皮・表面。「一皮剝ける」＝経験・試練を経て見違えるように洗練される。
「一皮剝《む》く（剝《は》ぐ）」＝うわべを飾っているものを取り去る。

問　(ア)～(ウ)の例文における意味として最も適当なものを、①～⑤のうちから選べ。

□331 食事をしてやっと人心地がついた。

(ア) 人心地《ひとごこち》がついた　331

① 物事がいったん片づいてきりがついた
② とても満たされたような気持ちになった
③ 他人の事に配慮する余裕が出来た
④ 落ち着いた普段の気分に戻った
⑤ 食べ物に対して卑しくなくなった

□332 だからこうして人さまの眼《め》をはばかって生きてきたのです。

(イ) 人さまの眼《め》をはばかって　332

① 周囲の目を気にして
② 周囲の目をぬすんで
③ 世間の眼をごまかして
④ 世間の眼をひきつけて
⑤ 世間の眼をくらまして

□333 テストは拍子抜けするほど簡単で、こんなものかと思った。

(ウ) 拍子《ひょうし》抜けする　333

① 手ごたえがなくて張り合いをなくす
② まるで相手にされずすっかり落胆する
③ まったく予期せぬ反応におどろかされる
④ とらえどころがなく困りきってしまう
⑤ ひどく調子がよすぎて不快に感じる

解答

331 ① ② ③ ❹ ⑤　332 ❶ ② ③ ④ ⑤　333 ❶ ② ③ ④ ⑤

331「人心地」＝生きた心地。平常の意識。
①＝「一段落した」。
「天にも昇る心地（＝非常に嬉しい気持ち）」も重要。

332「人さまの眼をはばかる」＝「人目をはばかる」。
「はばかる」（p.114 コラム325参照）から考える。
「世をはばかる（＝世間に気がねする。世間との交わりを慎《つつし》む）」も重要。

333「拍子抜け」＝張り合いが抜けること。
「垢抜《あかぬ》け（＝垢抜ける・洗練されていること）」も重要。

問　(ア)～(ウ)の例文における意味として最も適当なものを、①～⑤のうちから選べ。

□334 男は表情も変えずに腕立て百回をやってのけた。

(ア) 表情も変えずに 334
① 感情を表さずに
② あきらめた様子で
③ 即座にとっさに
④ 切迫した口調で
⑤ 冷ややかな態度で

□335 いっせいに顰蹙《ひんしゅく》の眼《め》が向けられ僕たちは声のトーンを落とした。

(イ) 顰蹙《ひんしゅく》の眼《め》 335
① 不可能だと思われる行為へのあわれみの気持ち
② ばかげた行為へのあざけりの気持ち
③ 忌まわしい行為への恐れの気持ち
④ かつてなかった行為への不審な気持ち
⑤ 身勝手な行為への不快な気持ち

□336 なぜ明りがついていないのか不審に思いながらドアを開けた。

(ウ) 不審に思いながら 336
① 意味が解らず不快だと思いながら
② 良くないことを想像し悪意を感じながら
③ 思いがけない事態に不安になりながら
④ 事情がわからず疑いを抱きながら
⑤ 何が起こるかと恐れを抱きながら

解答

334 **①** ② ③ ④ ⑤　335 ① ② ③ ④ **⑤**　336 ① ② ③ **④** ⑤

334「表情」＝顔・身振りで感情を外に表すこと。また表されたもの。
③＝「間髪《かんはつ》を容《い》れず」。

335「顰蹙」＝（顔をしかめて）不快の念を表すこと。
②の「嘲《あざけ》り」は間違い。「顰蹙を買う（＝軽蔑・非難の的となる）」も重要。

336「不審」＝疑わしい。確かには解《わか》らない。
異 不信（＝信義に反する・信用できないこと）・不振（＝芳《かんば》しくないこと）・普請（＝建築・土木の工事を行う）・腐心（＝実現のため心を痛めて悩ますこと）

問　(ア)〜(ウ)の例文における意味として最も適当なものを、①〜⑤のうちから選べ。

□337 憮然《ぶぜん》とした表情で立ち上がるとそのまま出ていってしまった。

(ア) 憮然《ぶぜん》とした 337
① 怒ったような
② 申し訳なさそうな
③ 不満そうな
④ 不可解そうな
⑤ 耐えるような

□338 政治家お得意の「不退転の決意」ってやつですか？

(イ) 不退転《ふたいてん》の 338
① がむしゃらとも思われる
② 他人の意思など眼中にない
③ 時の要請などは全く気にしない
④ 己れの信念に従って変えない
⑤ 同じ過ちを繰り返すまいとする

□339 そう仏頂面をしているとますます人気がなくなるぞ。

(ウ) 仏頂面《ぶっちょうづら》をして 339
① 激しい怒りをみなぎらせた顔つきをして
② 仏様のような穏やかな顔つきをして
③ 悲しみを微笑に紛らした顔つきをして
④ 不満で怒ったような顔つきをして
⑤ 感情を全く外に出さない顔つきをして

解答

337 ① ② **③** ④ ⑤
338 ① ② ③ **④** ⑤
339 ① ② ③ **④** ⑤

337「憮」＝がっかり。「憮然」＝思い通りにならず不満な・ぼんやりした様子。文化庁の国語世論調査では①とした人が多かったので注意。「啞然《あぜん》(＝驚き呆《あき》れてものも言えない様子)」「暗然(＝悲しみや憂いに心が塞《ふさ》いでいる様子)」「確然(＝はっきりしている様子)」「画然(＝違いがはっきりしている様子)」も重要。

338「不退転」＝志が固く退かず屈しないこと。

339「仏頂面」＝(仏頂尊の恐ろしい面相にたとえて)無愛想な顔。不機嫌な顔。ふくれっつら。傍線部との言い換えから②・⑤を選ばないように。

問　(ア)～(ウ)の例文における意味として最も適当なものを、①～⑤のうちから選べ。

□340 ネットが無くて無聊《ぶりょう》に耐えられなかった。

(ア) 無聊《ぶりょう》に耐えられなかった　[340]

① 退屈さが我慢できなかった
② 無駄な時間が許せなかった
③ 空虚な心持ちがいやだった
④ 心細さに落ち着きを失った
⑤ 不快感を抑えられなかった

□341 同じ日本人なのに言葉が通じず閉口した。

(イ) 閉口した　[341]

① 悩み抜いた
② がっかりした
③ 押し黙った
④ 考えあぐねた
⑤ 困りはてた

□342 別れを告げられた時、その意味がわからずしばらく放心していた。

(ウ) 放心　[342]

① 心を奪われてぼうっとなること
② 心をとき放ちのんびりすること
③ 心を決めかねてふらふらすること
④ 心を集中して雑念をはらうこと
⑤ 心をひらいて受け入れること

解答

340 **❶** ② ③ ④ ⑤

341 ① ② ③ ④ **❺**

342 **❶** ② ③ ④ ⑤

340「聊」＝楽しみ。「無聊」＝楽しみが無く退屈なこと。「―を慰める」などとも使う。

341「閉口」＝（口を閉じて言葉を発しないことから）困り果てること。「閉居（＝閉じこもること）」「閉塞《へいそく》（＝閉ざされ塞《ふさ》がること）」も重要。

342 ＝心を奪われてぼんやりしている。何も考えずにいる。「会心（＝心にかない満足に思うこと。「―の作・笑み」などと使う）」「改心（＝今までのことを反省すること）」も重要。

④意識・心情

問　(ア)～(ウ)の例文における意味として最も適当なものを、①～⑤のうちから選べ。

□343 叔母の露骨な嫌味に祖父は眉を暗くした。

(ア) 眉《まゆ》を暗くした　343

① 迷惑に思い顔をしかめた
② 心配に思い顔をゆがめた
③ 不審に思い顔色を変えた
④ 不愉快に思い表情をくもらせた
⑤ 不安に思い表情をこわばらせた

□344 エリーゼは眉をしかめて、悪い子ね、とつぶやいた。

(イ) 眉をしかめて　344

① すこし嫌そうな表情をして
② やや照れくさそうな表情をして
③ かなり疑わしげな表情をして
④ ひどく悔しげな表情をして
⑤ 実に腹立たしげな表情をして

□345 母親は眉をひそめて泥だらけの僕を見た。

(ウ) 眉をひそめて　345

① 不吉に思い、眉をしかめて
② 心を痛め、眉間に皺を寄せて
③ 眉を下げ、冷静を装って
④ 眉間を緩め、理解を示して
⑤ 嘆きながら、眉をゆがめて

解答

343 ① ② ③ **④** ⑤　344 **①** ② ③ ④ ⑤　345 ① **②** ③ ④ ⑤

343「眉を暗くする」＝「眉を曇らせる」＝不愉快に思い表情を曇らせる。

344「眉を顰《しか》める」＝「眉を顰《ひそ》める」＝心を痛め・嫌で、眉《み》間《けん》に皺《しわ》を寄せる。

345「眉を顰《ひそ》める」＝「眉を顰《しか》める」
①は「不吉に思い」が間違い。
⑤は「眉をゆがめて」が間違いで、「口をゆがめて」が慣用表現。

問 (ア)～(ウ)の例文における意味として最も適当なものを、①～⑤のうちから選べ。

□346 俺は見栄もなくひたすら泣いた。

(ア) 見栄もなく [346]

① 相手に対して偉ぶることもなく
② 自分を飾って見せようともせず
③ はっきりした態度も取らず
④ 人前での礼儀も欠いて
⑤ 気後れすることもなく

□347 変わり果てた父の姿に彼女は胸をいっぱいにして立ち尽くしていた。

(イ) 胸をいっぱいにして [347]

① 負けまいと一生懸命に耐えて
② 対応の仕方がわからず混乱しきって
③ 湧き上がる気持ちを抑えつけて
④ 何も考えられなくなって
⑤ たかぶった感情に満たされて

□348 ちゃんとランチパック用意しとかないと俺の面子《めんつ》が立たないんだよ！

(ウ) 面子《めんつ》が立たない [348]

① 体面が保てない
② 役割を果たせない
③ 平常心が失われる
④ 威光に傷がつく
⑤ 威厳をなくす

解答

346 ① ❷ ③ ④ ⑤　347 ① ② ③ ④ ❺　348 ❶ ② ③ ④ ⑤

346「見栄（得）」＝①人の目（を気にしてよく見せようとする態度）②（俳優などが）動きを静止してにらむようなポーズで劇的感情を表現すること。
「見栄も外聞もない」＝人の目を気にする余裕がない。

347「胸が一杯になる」＝高ぶった感情で胸がつまる。
「胸に一物《いちもつ》（＝心にたくらみを秘めている）」「胸を焦がす（＝思い焦がれる。思い煩《わずら》う）」「胸を突く（＝驚く。思いが急につのる）」も重要。

348「面子（＝体面・面目《めんぼく》《めんもく》・（マージャンの）メンバー）」は中国語をそのまま日本語として使用した言葉。

④意識・心情

問　(ア)～(ウ)の例文における意味として最も適当なものを、①～⑤のうちから選べ。

□349 躍起になって否定する姿がまたかわいい。

(ア) 躍起《やっき》になって　349

① 夢中になって
② さとすように
③ 威圧するように
④ あきれたように
⑤ むきになって

□350 彼の業績を認めるにやぶさかでない。

(イ) やぶさかでない　350

① 仕方なくする
② 喜んでする
③ 同意する
④ 拒否する
⑤ 慌てずする

□351 疾《やま》しいことが無いのなら会話の記録見せてよ。

(ウ) 疾《やま》しい　351

① 気持ちのゆとりを失う
② 遠慮して気のひける
③ 自己嫌悪に陥る
④ 無理に正当化する
⑤ 良心に恥じるところのある

解答

349 ① ② ③ ④ **⑤**　350 ① **②** ③ ④ ⑤　351 ① ② ③ ④ **⑤**

349「躍起」＝「踊り上がること」が語源で「むきになる様子」。

350「吝か《やぶさか》」＝「けち。思い切りが悪い様子」で、「～するに吝かでない」の形で「喜んで・ためらいなく～する」の意味。
文化庁の国語世論調査ではむしろ多くの人が①として間違っているので注意。苦渋の表情を浮かべてこの言葉を使う政治家などが多いから、こんな誤解が広がったのかも。喜んでいない本心が顔に出ているのでしょうか。

351「疚《やま》しい」とも書く。

問 (ア)～(ウ)の例文における意味として最も適当なものを、①～⑤のうちから選べ。

□ 352 髪をセットするのに余念がなく、気づいたら完全に遅刻だった。

(ア) 余念がなく 352

① ほかに気を配ることなく熱中し
② 真剣さが感じられずいいかげんで
③ 細かいところまで丁寧に
④ 疑いを持たず思い切って
⑤ 余裕がなくあわただしい様子で

□ 353 他に寄る辺もない身を案じてひと晩泊めてくださったのです。

(イ) 寄る辺《べ》もない 353

① 寄りかかるすべもない
② たよりとする所もない
③ 隠遁《いんとん》の機会すらもない
④ 立ち寄る隠れ家もない
⑤ 寄生をする対象もない

□ 354 自軍が次々に負けていくのを見て狼狽《ろうばい》を隠しきれない。

(ウ) 狼狽《ろうばい》 354

① とまどい慌てること
② うるさく騒ぎ立てること
③ 驚き疑うこと
④ 圧倒されて気弱になること
⑤ 恐れてふるえること

解答

352 ❶ ② ③ ④ ⑤
353 ① ❷ ③ ④ ⑤
354 ❶ ② ③ ④ ⑤

352「余念」＝余分な・他の考え。「―無く」「―が無い」の形で使う。同他念。

353「寄る辺（方《べ》）」＝頼りとする所・人。「―（の・も）無い（＝き）」「―無く」の形で使う。

354「周章狼狽《しゅうしょうろうばい》（＝大いに慌てる・うろたえ騒ぐこと）」も大切。

問 (ア)〜(ウ)の例文における意味として最も適当なものを、①〜⑤のうちから選べ。

□ 355 そんな風にあどけなく笑わないでくれ。胸が痛む。

(ア) あどけなく [355]

① 純粋に
② 自由に
③ 真剣に
④ 楽しげに
⑤ 無邪気に

□ 356 依怙地《いこじ》になって得をする人は誰もいないよ。

(イ) 依怙地《いこじ》 [356]

① 一方的に物事をすすめる気質
② ねばり強くやりぬく気質
③ 短気で怒りっぽい気質
④ 決断力にとぼしい気質
⑤ 意地を張り通す気質

□ 357 俺も一目おいたほどの人物だからな！

(ウ) 一目《いちもく》おいた [357]

① 恩を感じて相手に気に入られるよう努めている
② ひと目見ただけで自分の好みだと感じている
③ 感謝しつつうまく表現できずに苦慮している
④ 一歩引いて相手を自分より上に立てている
⑤ 隔たりなく自分の身内同様に扱おうとする

解答

355 ① ② ③ ④ **⑤**　356 ① ② ③ ④ **⑤**　357 ① ② ③ **④** ⑤

355「あどけない」＝無邪気でかわいい。「幼《いとけな》・稚《いとけな》い」＝「頑是無《がんぜな》い」＝まだ幼くて聞き分けがない。無邪気だ。

356「意固地」とも書く。

357「一目置く」＝（元来は囲碁の用語で）遠慮する。優れていると認めて敬意を払う。「一目瞭然《いちもくりょうぜん》（＝一目見ただけではっきり解《わか》る）」「一拍《いっぱく》置く（＝ちょっと時間をあける）」「聞き置く（＝目上の者などが返事や意見を言わないでおく）」「留《と》め置く（＝帰さない。書き記す。そのままにしておく）」「心を置く（＝不安や未練が残る。気を使う。遠慮する）」も重要。

問 (ア)～(ウ)の例文における意味として最も適当なものを、①～⑤のうちから選べ。

□ **358** 彼女といると、いわく言い難い安心感に包まれるんだ。

(ア) いわく言い難い [358]

① 言葉にするのが何となくはばかられる
② 言葉では表現しにくいと言うほかはない
③ 言葉にしてしまってはまったく意味がない
④ 言葉にならないほどあいまいで漠然とした
⑤ 言葉にするとすぐに消えてしまいそうな

□ **359** その後かたく心を閉ざし、打つとも響かぬようになってしまった。

(イ) 打つとも響かぬ [359]

① ものわかりの悪い
② 言っても聞かない
③ 反応のにぶい
④ 動作の遅い
⑤ 性格の良くない

□ **360** 疎ましく思われたってかまわない。側《そば》にいたいんだ。

(ウ) 疎《うと》ましく [360]

① 見下されているように感じて腹立たしく
② 仲間外れにされたようでいらだたしく
③ 親しみを感じられずにいとわしく
④ 別世界の人だと思われて薄気味悪く
⑤ 場にそぐわないとさげすみたく

解答

358 ① **②** ③ ④ ⑤
359 ① ② **③** ④ ⑤
360 ① ② **③** ④ ⑤

358「曰《いわ》く言い難し」は孟子が「言い難し」と言った(＝「曰く」)ことが由来の慣用句。「少年老い易《やす》く学《がく》成り難し(＝若いうちから時間を惜しんで勉強するべきだ)」も重要。すぐに少年も老人になっちゃうらしい。

359「打てば響く(＝反応が早い)」から考えて、逆の意味のものを選ぶ。

360「疎ましい」＝「厭《いと》わしい」＝接するのが嫌でたまらない。①の「腹立たしく」、②の「仲間外れにされたようで」、④の「別世界の人だと思われて」、⑤の「さげすみたく」は間違い。

問 (ア)〜(ウ)の例文における意味として最も適当なものを、①〜⑤のうちから選べ。

□361 その驚くべき自尊心はいったいどこからわいてくるの？

(ア) 驚くべき自尊心 361

① 異常な羞恥心
② 他人を寄せつけないほどの独立心
③ 子どもとは思えないような自制心
④ 度がすぎた自己愛
⑤ 人並はずれた気位

□362 彼女にはああ見えて癇《かん》の強いところがあってね。

(イ) 癇《かん》の強い 362

① 不満を感じる
② かなり強情な
③ 激怒しやすい
④ 荒々しい情熱を秘めた
⑤ 他人を厳しく責める

□363 最初は几帳面《きちょうめん》な所が好きだった。後《のち》にそれが耐えられなくなった。

(ウ) 几帳面《きちょうめん》な 363

① 固くがっしりした
② ノートのように線が引かれた
③ 凸凹がなく面が平らになった
④ 規則正しくきちんとした
⑤ ぴったり調和した

解答

361 ① ② ③ ④ **⑤**
362 ① ② **③** ④ ⑤
363 ① ② ③ **④** ⑤

361「自尊心」＝自分の尊厳を意識し品位を保とうとする心。④の「自己愛」＝「ナルシ(チ)シズム」＝自己陶酔。うぬぼれ。「自己愛」でない「自尊心」も育てたいな♪ ⑤の「気位」＝自分の品位を誇りとし保《たも》とうとする心。

362「癇」＝神経質。感情が激しく怒りやすい。「癇《かん》に障《さわ》る(＝癪《しゃく》に障《さわ》る。神経を刺激して苛立《いらだ》たせる)」「癇性(症《しょう》)(＝激しやすい・怒りっぽい・病的に潔癖である様子)」も重要。

363「几帳面」は昔の部屋の仕切り(＝「几帳」)の柱にするために削った面が語源。「月の満ち欠けみたいに几帳面に」村上春樹『1Q84』)

問　(ア)〜(ウ)の例文における意味として最も適当なものを、①〜⑤のうちから選べ。

□364　わざと下種《げす》張《ば》った口をきいた、それがその頃の気分に合っていた。

(ア)　下種《げす》張《ば》った　364

① 俗っぽさに満ちた
② 子どもじみた
③ みっともない
④ いやしい根性の
⑤ 見えすいた

□365　ガリガリ君おごってやると言った奴の背中に後光が射していた。

(イ)　後光《ごこう》が射していた　365

① 少しも後ろ暗さを感じさせない誇りが満ちていた
② 苦悩を突きぬけた人間としての明るさが満ちていた
③ 神仏に見守られて極楽へ行ける喜びが満ちていた
④ 人に尽くすことを務めとする悟りが満ちていた
⑤ 人間を超えるほどの深い慈しみが満ちていた

□366　あなたのそのさしでがましさが死ぬほどきらい。

(ウ)　さしでがましさ　366

① 人の気持ちを酌んで自分の主張を変えること
② 人のことを思い通りに操ろうとすること
③ 人の事情に踏み込んで無遠慮に意見したがること
④ 人の意向よりも自分の都合を優先したがること
⑤ 人の境遇を自分のことのように思いやること

解答

364　①　②　③　**④**　⑤
365　①　②　③　④　**⑤**
366　①　②　**③**　④　⑤

364「下種」＝品性が下劣な・身分の低い者。
①＝「通俗的」なので、①は間違い。
②＝「幼《いとけな》・稚《いとけな》い」＝「頑是《がんぜ》無《な》い」（p.124コラム355参照）なので、②は間違い。

365「後光」＝仏・菩薩の背後から放射される神秘的な光。仏・菩薩のもつ光なので「人間を超えるほどの深い慈《いつく》しみ」とある⑤が正解。


366「差し出がましい」＝（差し出ているようだ、ということから）出しゃばるようだ。余計なことをするようだ。

「—がましい」＝「—のきらいがある」＝らしい。

「踏み込んで」「無遠慮に」とある③が正解。

問 (ア)〜(ウ)の例文における意味として最も適当なものを、①〜⑤のうちから選べ。

□367 むしろさばさばとした感じの人に見えたけどな……。

(ア) さばさばとした感じ 367

① 悟りすました様子
② あきらめきった様子
③ 荒れすさんだ様子
④ こだわりのない様子
⑤ 落ち着き払った様子

□368 本当にひとりだったのかと執拗《しつよう》に尋ねられた。

(イ) 執拗《しつよう》に 368

① 厳しく
② しつこく
③ 荒々しく
④ ねばり強く
⑤ 厚かましく

□369 そんな辛気くさい顔じゃあ客も帰っちまうわ。

(ウ) 辛気《しんき》くさい 369

① 野生的で野暮《やぼ》ったい
② 強烈な臭気《しゅうき》を放っている
③ 煩《わずら》わしくて鬱陶《うっとう》しい
④ 観賞に値しない不格好な
⑤ 見栄《みば》えがせずありきたりの

解答

367 ① ② ③ **④** ⑤ 368 ① **②** ③ ④ ⑤ 369 ① ② **③** ④ ⑤

367「さばさば」＝さっぱりとした気分・性質。「さばける(＝もつれていたものが解ける。よく売れる。世慣れていて物わかりがよく気安い感じがする)」も重要。

368「執拗」＝しつこい。頑固に自分の意見を通そうとする様子。「執念《しゅうねん》(＝執着して動かない心)」も重要。

369「辛」＝辛《つら》い。「辛気臭い」＝「辛気だ」の強調表現。「辛辣《しんらつ》(＝手厳しいこと)」も重要。

問　(ア)～(ウ)の例文における意味として最も適当なものを、①～⑤のうちから選べ。

□370　フットワーク軽すぎて神出鬼没ってよく言われるんだよね～。

(ア)　神出鬼没《しんしゅつきぼつ》　370

① 目にもとまらぬ速さで飛び回り捕まえる術がないさま
② たくみに身を隠し続け自らの存在に気づかせないさま
③ さまざまに姿を変え続け決して正体をあらわさないさま
④ 良い面と悪い面とを合わせもち本質がとらえづらいさま
⑤ 自在に現れては消えてどこにいるのかつかめないさま

□371　図太いくらい心の座ったやつで、こいつを崩すのは難しいだろう。

(イ)　図太いくらい心の座った　371

① 図々しいまでに自己中心的な
② 常に情緒が安定している
③ 憎らしいほど心配りのできる
④ 落ち着いていて安心感のある
⑤ 少々のことでは動じない

□372　僭越《せんえつ》なことを言わせてもらえば課金の主語は払い手じゃない。

(ウ)　僭越《せんえつ》な　372

① 取り返しのつかない
② 救いようがない
③ おごりたかぶった
④ あまりにも度を超えた
⑤ 立場をわきまえない

解答

370　①　②　③　④　**⑤**
371　①　②　③　④　**⑤**
372　①　②　③　④　**⑤**

370 =目に見えない鬼神《きじん》のように行動が自在であることを言う。
③=「変幻自在」。

371「図太い」=少しの事では動じない。
「心の座る」=「肝《きも》が据《す》わる」=度胸があって動じない。

372「僭越」=(謙虚な気持ちで使われる言葉で)立場などを越えて差し出がましい。

問　(ア)～(ウ)の例文における意味として最も適当なものを、①～⑤のうちから選べ。

□373　きょう一日、あなたの心が平らかでありますように。

(ア)　平《たい》らかで　373

① 平身低頭
② 平凡陳腐
③ 平安一路
④ 平穏無事
⑤ 平々凡々

□374　だからたたずまいからして怪しいんだって、あいつやべーよ。

(イ)　たたずまい　374

① けはい
② いごこち
③ におい
④ しずけさ
⑤ ありさま

□375　通俗的な部分がなければヒットはしない。

(ウ)　通俗的　375

① 野卑で品位を欠いているさま
② 素朴でおもしろみがないさま
③ 気弱で見た目を気にするさま
④ 平凡でありきたりなさま
⑤ 謙虚でひかえ目なさま

解答

373　①　②　③　**④**　⑤
374　①　②　③　④　**⑤**
375　①　②　③　**④**　⑤

373　①＝ひれ伏し頭を低く下げて恐れ入る。ぺこぺこする。
②＝古臭くありふれていて面白みがない。
③＝「一路平安」＝道中が無事であるように、と旅人を見送る言葉。
④＝変わったことがなく穏やかだ。
⑤＝きわめて特徴がなくありふれている。

374　「佇《たたず》まい」＝（立っている様子から）有り様。醸《かも》し出される雰囲気。
「佇む（＝立ったまましばらく動かずに居る）」も重要。

375　「通俗」＝解《わか》りやすく受け入れられやすいこと。
「還俗《げんぞく》（＝出家した者が俗人に還《かえ》ること）」も重要。

問　(ア)〜(ウ)の例文における意味として最も適当なものを、①〜⑤のうちから選べ。

□376 俺、あみだくじとなると天分を発揮しちゃうんだよなぁ。

(ア) 天分《てんぶん》 376

① 分相応に満足する心境や気持ち
② 生まれつきの性質や才能
③ 天に任ぜられた職分や使命
④ はじめから定まっている運命や吉凶
⑤ 自分の精一杯の能力や力量

□377 相手の本音を知る度量もないくせに。

(イ) 度量《どりょう》 377

① 広い視野や度胸といった心の広さ
② 量りがたいものを知る感性の豊かさ
③ 常識にとらわれない思いきりのよさ
④ 隠されたものを見抜く直観の鋭さ
⑤ 損得にこだわらない人間の大きさ

□378 靴の底に粘着質のものがへばりついていた。

(ウ) 粘着質のもの 378

① ざらざらしたもの
② かさかさしたもの
③ どろどろしたもの
④ ごつごつしたもの
⑤ さらさらしたもの

解答

376 ① ❷ ③ ④ ⑤
377 ❶ ② ③ ④ ⑤
378 ① ② ❸ ④ ⑤

376 ①＝「足る(こと)を知る」ということ。
③＝「天職」。
④＝「宿命」。

377 ＝長さと容積。物差しと升《ます》。心の広さ。
「度量衡《どりょうこう》(＝長さと容積と重さ。物差しと升と秤《はかり》)」も重要。

378 「粘着」＝粘り付くこと。
③の「どろどろ」＝硬い物が柔らかい不透明な液状になる・液状のものが濃くて粘り気が強い・感情や欲望が複雑に絡《から》まり合った醜い様子。

問　(ア)〜(ウ)の例文における意味として最も適当なものを、①〜⑤のうちから選べ。

□379 彼「俺の実家でのどかに暮らそう」とか言うの。ありえないっつの。

(ア) のどかに　379

① のんびりと穏やかに
② あわてず騒がずに
③ 静かにじっとして
④ 目立たずひそやかに
⑤ 考えずに落ち着いて

□380 あなたが薄情なことなんて、知ってたわ。

(イ) 薄情　380

① 意識を集中できず、投げやりになること
② 自己中心的で、思いやりがないこと
③ 自分のことしか考えず、気持ちが散漫になること
④ 注意が続かず、気もそぞろなこと
⑤ 気持ちが切迫し、余裕のないこと

□381 では訊《き》くが、お前は誰のことを皮相的でなく理解しているのか。

(ウ) 皮相的　381

① 一人よがり
② 浅薄に判断して
③ 感情的になって
④ 外見を気にして
⑤ 教えられたとおり

解答

379 ❶ ② ③ ④ ⑤
380 ① ❷ ③ ④ ⑤
381 ① ❷ ③ ④ ⑤

379「長閑《のどか》に」と書く。
④＝「ひっそり」。
「麗《うら》らか（＝太陽がのどかに照っている・わだかまりや心配事が無さそうな様子）」も重要。

380 対 厚情《こうじょう》（＝厚い情け）「御ーを賜《たまわ》りまして」などと使う。
異 白状（＝自白《じはく》を記《しる》す紙の意味から、隠していた事柄を打ち明けること）

381「皮相」＝うわべ。真相をきわめずに表面のみを見て下す浅薄な判断。
「皮肉（＝遠回しの非難。予想や期待に反する結果となること）」も重要。

問　(ア)〜(ウ)の例文における意味として最も適当なものを、①〜⑤のうちから選べ。

□382 不世出を「不出世」と間違って覚えないようにねっ。

(ア) 不《ふ》世《せい》出《しゅつ》 [382]
① めったに現れることのないほど、すぐれていること
② 少しの人にしか知られていないほど、一風変わっていること
③ めったに世の人の目に触れることのないほど、不思議であること
④ 口にだして言うこともできないほど、不気味であること
⑤ そのうち世間で目立ってくると思えるほど、将来性のあること

□383 求ム、不逞《ふてい》の輩《やから》。

(イ) 不《ふ》逞《てい》の [383]
① 従順さがなく、勝手にふるまう
② 思い上がって、相手を見下す
③ 強情を張って、他人に従わない
④ 緊張しすぎて、我を見失った
⑤ 怒りにまかせ、敵意に満ちた

□384 その国では年齢にふれてはならないという不文律があった。

(ウ) 不《ふ》文《ぶん》律《りつ》 [384]
① ことばでは伝えがたい奥義
② 仕事の中で培われてきた智恵
③ 暗黙のうちに守られているおきて
④ 生きていくうえで欠かせない規範
⑤ 破ることができない約束ごと

解答

382 **❶** ② ③ ④ ⑤

383 **❶** ② ③ ④ ⑤

384 ① ② **❸** ④ ⑤

382「絶世《ぜっせい》(＝世に比較するものが絶えてないほど素晴らしい)」も重要。

383「不逞の輩」＝勝手気ままに振る舞い、世の中の秩序を乱すけしからぬ仲間。③＝「業《ごう》(強《ごう》)突《つ》く張《ば》り」。

384「不条理(＝筋道が通らない。道理が立たない。人生が非合理・無意味である)」「不可逆(＝逆戻りできない) 対 可逆」「不如意《ふにょい》(＝思い通りにならない。経済的に苦しい)」「不即不離(＝二つのものが付かず離れずの関係にある)」も重要。

⑤性質・観念

問 (ア)〜(ウ)の例文における意味として最も適当なものを、①〜⑤のうちから選べ。

□**385** 不毛だと思ったとき、それまでのすべてのことが不毛になるのよ。

(ア) 不毛 [385]

① 面白くないよう
② 意味がないよう
③ 何も感じないよう
④ 実りがないよう
⑤ 価値がないよう

□**386** 耳よりな情報がありますよと言った瞬間女の鼻がふくらんだ。

(イ) 耳よりな [386]

① 聞くだけで気分が晴れる
② 聞いて知っておくとよい
③ 聞き逃してはならない重大な
④ 聞いたこともない珍しい
⑤ 聞くともなく耳に入った

□**387** あの向こうみずの眼《め》に俺はいっぱつでやられちまったんだ。

(ウ) 向こうみずの [387]

① ひどく冷静さを欠いた
② あとさきを考えない
③ 相手のことを配慮しない
④ 怒りを覚えてしまうような
⑤ 自分のことを考慮しない

解答

385 ① ② ③ ❹ ⑤

386 ① ❷ ③ ④ ⑤

387 ① ❷ ③ ④ ⑤

385 ＝土地がやせていて作物が育たない・見るべき成果（＝「実り」）がない様子。「不羈《ふき》（＝奔放で束縛できないこと）」「不遜《ふそん》（＝驕《おご》り高ぶっている様子）」も重要。

386 「耳寄りな」と書く。③は「逃してはならない」が間違い。

387 「向こう見ず」＝「無鉄砲」＝前後を顧《かえり》みず突進する・前後を考えないで物事をすること。また、その人。

問　(ア)〜(ウ)の例文における意味として最も適当なものを、①〜⑤のうちから選べ。

□388　こんなんじゃ天下一運動会と銘うてるわけがない！

(ア)　銘《めい》うてる　388

① 重みを与えられる
② もっともらしく呼べる
③ 立派な歴史を築ける
④ 大げさに名を刻める
⑤ 多くの人の目を楽しませられる

□389　みゆたんの天使っぷりは名状し難い。

(イ)　名状し難い　389

① 言い当てることが難しい
② 名付けることが不可能だ
③ 意味を明らかにできない
④ 何とも言い表しようのない
⑤ 全く味わったことのない

□390　あっさりにせものを見抜くとはよい嗅覚をもっている。

(ウ)　よい嗅覚《きゅうかく》　390

① すぐれた感受性
② 鋭い直感
③ 特有の防衛本能
④ すばやい反射神経
⑤ 柔軟な発想

解答

388　①　**②**　③　④　⑤

389　①　②　③　**④**　⑤

390　①　**②**　③　④　⑤

388「銘」＝刻み付けた言葉や文章。戒《いまし》めの言葉。製作物に入れる、作者の名・銘柄（＝特製の商品だと表すための名前）。「銘を打つ（＝製作物に作者の名を刻む）」から「銘打つ」＝立派そうな名を付ける。③の「歴史」④の「大げさに」は間違い。

389「名状」＝言い表すこと。

390「嗅覚（＝においを感じる感覚）」は、人間の五つの感覚（＝「五感」）の中でも本能的なものとされるため、「直感」の意味の比喩として使われる。「鼻が利《き》く（＝役立ちそうなことを巧みに見つけ出す。嗅覚《きゅうかく》が鋭い）」にも通じる。

索引

共通《きょうつう》テスト対応《たいおう》 生《い》きる現代文《げんだいぶん》 随筆《ずいひつ》・小説《しょうせつ》語句《ごく》

著　　者　霜《しも》　　　栄《さかえ》
発 行 者　山　﨑　良　子
印刷・製本　日経印刷株式会社

発　行　所　駿台文庫株式会社
〒101－0062　東京都千代田区神田駿河台1－7－4
小畑ビル内
TEL. 編集 03(5259)3302
販売 03(5259)3301
《⑤－144pp.》

落丁・乱丁がございましたら，送料小社負担にてお取替えいたします。

ISBN978－4－7961－1454－7　Printed in Japan

駿台文庫 WEB サイト
https://www.sundaibunko.jp